GUIDE de L'AMATEUR DE FROMAGES

Je remercie tous les producteurs, sans qui nous n'aurions pas de fromages, ainsi que Karsten Diettrich et Anne Michel, sans qui je n'aurais pas fait ce livre.

MARIE-ANNE CANTIN

GUIDE de L'AMATEUR DE FROMAGES

Avec la collaboration de Christine Gaudin
Photographies de Nicolas Leser

Albin Michel

SOMMAIRE

AVANT-PROPOS

Le fromage, je suis tombée dedans quand j'étais petite ! Et puis, avec le temps, c'est devenu une passion. Le métier d'affineur détaillant m'a permis de rencontrer un nombre considérable de personnes très différentes, tout en m'ouvrant de multiples horizons. Quand nous avons installé notre boutique au Japon, en 1999, je n'ai pu m'empêcher de songer à mon père. Mais commençons par le commencement…

Qui aurait pensé, il y a un siècle, que la petite-fille de pêcheurs de l'île d'Yeu serait fromagère dans le quartier du Gros-Caillou, au cœur du VIIe arrondissement de Paris ? Pas mes aïeux, en tout cas, qui vivaient du rude métier de la mer depuis des générations ! Comme souvent, il a fallu un événement malheureux, un accident, pour que l'histoire puisse se nouer. Mon père, Christian Cantin, se destinait à devenir marin, le métier de son propre père et de son grand-père. Mais, alors qu'il n'était encore qu'un jeune mousse d'à peine douze ans, il fut gravement blessé à une jambe et dut renoncer à cette carrière. Un oncle habitait à Paris, et mon père décida, quelques années plus tard, de le rejoindre pour tenter sa chance dans le commerce. Il partit avec sa femme, ma mère.
Christian Cantin s'installa en 1950 : il ouvrit sa boutique en septembre, quelques mois seulement après ma naissance. Au début, il vendait tous les produits d'épicerie et du fromage. Mais, très vite, il se passionna pour le fromage, à tel point qu'il décida de s'y consacrer exclusivement. Le pari était risqué, car mon père n'avait aucune culture en la matière, et il n'existait que très peu de fromagers affineurs à cette époque. Mais la foi soulève des montagnes et la passion surmonta toutes les difficultés.

Autant dire que j'ai été « élevée dans le fromage ». Lorsque je n'étais encore qu'une gamine, on me permettait de faire la vente quand la marchandise était installée sur un étal à l'extérieur : j'adorais ça et c'est un de mes meilleurs souvenirs d'enfance. À l'époque, il régnait une ambiance fabuleuse dans le commerce, chaleureuse et familiale. Les employés étaient nombreux ; à midi, nous étions toujours dix ou douze à table. Il faut dire que mon père cuisinait aussi très bien, et qu'il retenait volontiers quelques invités pour le déjeuner. Tout le monde se connaissait, s'entraidait en cas de coup dur. Je me souviens que mes parents travaillaient beaucoup – énormément, même ; mais cela n'empêchait pas la bonne humeur et le rire. Les plaisanteries et les farces étaient fréquentes, alors.

Je grandis et je décidai de ne surtout pas faire le même métier que mes parents… Mais il faut croire qu'il y a des atavismes auxquels on ne peut résister. La passion paternelle a fini par me gagner. Avec mon mari, Antoine Dias, nous avons pris la suite de mon père. Inutile de dire qu'il nous a donné sa bénédiction, ce jour-là ! Mais être la fille de Christian Cantin ne suffisait pas et nous avons dû faire nos preuves…
La diversité des fromages français constitue un des pans de la gastronomie et la défense de ce patrimoine est une cause à laquelle je suis attachée. J'espère vraiment avoir apporté ma pierre à l'édifice du fromage traditionnel français. Dans ce but, nous avons par exemple créé, en 1987, l'ARTFF (Association pour le respect des traditions fromagères françaises). L'idée en est simple : regrouper toutes les personnes intéressées par la sauvegarde des fromages français de qualité, du producteur au consommateur, en passant par les fromagers affineurs, les restaurateurs et les amateurs gastronomes. En 1992, à la suite d'une directive européenne imposant des normes difficiles à respecter, l'ARTFF s'est mobilisée en lançant une grande pétition : « Sauvons nos fromages au lait cru. » Après moult péripéties, nous avons fini par apprendre que la directive n'avait rien d'européen et que les normes contestées étaient purement françaises… comme quoi, Bruxelles a parfois bon dos ! Quoi qu'il en soit, je crois que l'ARTFF a vraiment contribué à consolider la position des fromages au lait cru en France.

Sans les producteurs, jamais l'ARTFF n'aurait pu voir le jour, et je leur voue depuis longtemps une grande admiration. La fabrication d'un fromage de qualité est en effet un travail collectif. Il faut d'abord un bon lait et, dans ce but, les bêtes doivent êtres nourries sur des herbages riches et parfumés. Mais travailler un excellent lait ne suffit pas pour obtenir un fromage digne de ce nom. Le savoir-faire des producteurs fabricants est essentiel. Ensuite, notre rôle à nous, affineurs détaillants, consiste à mettre en valeur le fruit de leurs efforts. On le voit, le fromage est une vraie culture, qui regroupe des métiers traditionnels et requiert beaucoup d'expérience.
Notre collaboration avec Monoprix est un exemple de cet artisanat adapté à un grand groupe soucieux de qualité. Lorsque cette chaîne de magasins nous a demandé une sélection de nos produits pour ses rayons fromages à la coupe, en 2007, nous avons volontiers accepté afin de diffuser auprès d'un large public la grande tradition des fromages.

Après tant d'années, je m'émerveille toujours de penser que l'on puisse, seulement avec du lait, obtenir autant de variétés de pâtes, ayant des consistances et des goûts aussi différents ! La connaissance du fromage repose avant tout sur des éléments tactiles, visuels et odorants. La transmission de ce savoir exige un long apprentissage. Je souhaite vous communiquer cette passion, cette expérience et ce savoir dont j'ai hérité et que j'ai cultivés au fil des ans.
Vous découvrirez dans ce livre des fiches techniques détaillées et documentées sur les principaux fromages de nos terroirs. Vous trouverez aussi de nombreuses informations sur l'histoire, la fabrication, l'achat, la consommation des fromages… bref, sur tout ce qu'un amateur éclairé doit connaître dans ce domaine. Et maintenant, à vous de savourer cette pure merveille gustative accessible à tous : le fromage !

SUR L'ORIGINE des FROMAGES

UN PEU d'HISTOIRE...

Le fromage est un aliment dont l'origine se perd dans la nuit des temps. Très tôt, les hommes apprirent à le fabriquer en faisant coaguler du lait, puis en égouttant le caillé obtenu. Les Sumériens en produisaient déjà au IIIe millénaire avant J.-C. Des objets et des documents mis au jour lors de fouilles archéologiques en Mésopotamie prouvent qu'ils consommaient très probablement des caillés spontanés, égouttés sur des claies et non moulés, assez proches sans doute de nos fromages frais actuels.
Beaucoup plus tard, au VIIIe siècle avant J.-C., Homère décrit comment le cyclope Polyphème fabrique des fromages dans sa grotte. « Nous entrons dans la grotte et faisons la revue : claies chargées de fromages [...] ; des vases en métal, tous regorgeant de lait, les terrines, les seaux, qui lui servaient à traire. [...] Le voici qui revient, ramenant son troupeau. [...] Il s'assied et se met à traire d'affilée tout son troupeau bêlant de brebis et de chèvres ; puis, lâchant le petit sous le pis de chacune, il fait de son lait blanc cailler une moitié, qu'il égoutte et dépose en ses paniers de jonc. » (*Odyssée*, IX, 219-258)[1] On constate qu'en ces temps reculés la fabrication était encore tout à fait primitive.
La Bible mentionne elle aussi, quoique indirectement, l'existence de fromages. Quand Job se plaint auprès de son Dieu, il utilise une métaphore fromagère : « Tu m'as trait comme du lait et coagulé comme un fromage. » (Job, X, 10) À l'époque, pour faire cailler le lait, on utilisait le suc de figuier ou bien le gaillet, une plante de la famille des rubiacées.

La technique des Grecs

Dans la Grèce antique, le dessert des repas du soir était composé de miel, de lait caillé et de fromage. Les Athéniens consommaient de grandes quantités de fromages frais ; un emplacement était d'ailleurs réservé sur l'agora à leur commerce. Archestrate, poète, gourmet et cuisinier grec du IVe siècle avant J.-C., nous a laissé quelques recettes recommandant d'enduire les poissons et le lièvre de fromage, d'huile ou de miel avant de les faire rôtir.

Le premier texte technique sur la fabrication du fromage date de cette époque. Aristote indique en effet dans son *Histoire des animaux* :
« Le lait qui caille le mieux est celui qui non seulement renferme le plus de caséine, mais dont la caséine est la plus maigre. Quoi qu'il en soit, certains animaux ont plus de lait qu'il n'en faut pour nourrir leurs petits, et il sert à faire du fromage et à constituer des réserves, principalement le lait de brebis et le lait de chèvre, ensuite le lait de vache. Le lait de jument et le lait d'ânesse sont mélangés pour faire le fromage de Phrygie. Il y a davantage de caséine dans le lait de vache que dans le lait de chèvre. [...] Font cailler le lait, le suc de figuier et la présure. Le suc de figuier est recueilli sur de la laine ; après rinçage on reprend la laine et on la met dans un peu de lait : celui-ci mélangé à d'autre lait le fait cailler. Quant à la présure, c'est du lait. Car elle se forme dans l'estomac des animaux qui sont encore à la mamelle. »[2]
Peu à peu, les Grecs découvrirent que les fromages se conservaient plus longtemps lorsqu'ils étaient pressés avant d'être égouttés et salés.

Et Pline créa le fromage gaulois

Les Romains reprendront les mêmes méthodes. Dans son *Histoire naturelle*, Pline l'Ancien évoque lui aussi le lait et le fromage. La toute première trace écrite concernant les ancêtres de nos fromages français provient d'ailleurs de ce livre : « Le fromage le plus estimé à Rome, où l'on juge les productions réunies de tous les pays, est, parmi ceux des provinces, celui

---

[1] Homère, *Iliade - Odyssée*, traduction de Victor Bérard, La Pléiade, Gallimard, Paris, 1955.
[2] Aristote, *Histoire des animaux*, texte établi et traduit par Pierre Louis, Les Belles Lettres, Paris, 1964.

de Nîmes, des Gabales [Lozère] et des villages du Gévaudan. »[3] Aujourd'hui, les producteurs de cantal et de roquefort se disputent cet illustre aïeul, sans que quiconque puisse les départager – mais, après tout, peut-être ont-ils tous raison ! Les Romains consommaient du fromage à tous les repas. Ils inventèrent le pressoir et prirent l'habitude de constituer des réserves de fromages pour l'hiver.

Les civilisations succèdent aux civilisations et les fromages aux fromages… Quand l'Empire romain se désagrégea, les Huns envahirent l'Europe, apportant leurs fromages, fabriqués à partir de lait de jument. Mais ils ne firent pas école…

Le creuset médiéval

Charlemagne est le premier grand roi à laisser son nom dans l'histoire des fromages français. De passage à Albi, à la fin du VIIIe siècle, il fit une étape inopinée chez l'évêque de la ville. Au dîner, celui-ci lui offrit des galettes, des fruits et du fromage de Roquefort. Prenant les moisissures de la pâte pour de la pourriture, le roi s'appliqua à les extraire méthodiquement avec la pointe de son couteau. L'évêque dut lui expliquer qu'il ôtait ainsi le meilleur du fromage. Revenu de son erreur, le roi dégusta le roquefort avec tant de plaisir qu'il demanda qu'on lui en livre deux charges de mulet chaque année à Noël.

Au début du VIIIe siècle, les Arabes, déjà maîtres de l'Espagne, avaient envahi tout le sud de la Gaule. Ils avaient été stoppés à Poitiers en 732 par Charles Martel, mais tous n'étaient pas repartis au-delà des Pyrénées après la bataille… Ils avaient notamment entraîné à leur suite des chèvres (*chabli*, en arabe), dont le lait permettait la fabrication des ancêtres de nos actuels chabichous du Poitou.

Quelque soixante ans plus tôt, en 668, la tradition veut que des moines bénédictins venus d'Italie se soient installés au cœur des Vosges, fondant un monastère dédié à saint Grégoire. Ces religieux pratiquaient l'élevage bovin et fabriquaient des fromages avec les surplus de lait dont ils disposaient. Ainsi naquit le munster, dont le nom n'est autre qu'une déformation du mot « monastère ».

De fait, nombre de fromages ont une origine monastique. Ainsi, le craquegnon, aussi appelé « merveille de Maroilles », fut mis au point et commercialisé par Enguerrand, évêque de Cambrai. Par la suite, le maroilles sera apprécié par, entre autres, cinq rois de France : Philippe II Auguste, Charles VI, Louis XI, François Ier et Henri IV. Selon la tradition, ce dernier avait l'habitude d'acheter lui-même ses maroilles quatre sous pièce à un marchand du quai de Bercy, à Paris.
Au XIIIe siècle, le long poème du *Roman de la Rose* cite, au détour d'une phrase, les angelots de Normandie – les ancêtres des pont-l'évêque d'aujourd'hui. Jadis, on parlait d'ailleurs aussi bien d'angelot, d'angelou ou d'augelot – qui tous faisaient référence au pays d'Auge.

Vers la même époque, les *fruitières*, sortes de petites coopératives, naissaient en Franche-Comté. Le principe en était simple : deux fois par jour, les fermiers apportaient le lait de leur traite. Les grandes quantités ainsi rassemblées permettaient la fabrication des gros fromages de gruyère, qui étaient ensuite redistribués selon l'apport de chacun. Chaque fermier recevait ainsi le *fruit* de son travail.
Le roquefort fit de nouveau parler de lui au XVe siècle, quand Charles VI donna l'exclusivité de l'affinage du fromage fabriqué dans les caves naturelles de Roquefort aux habitants de la ville. Il édicta à cet effet une lettre patente en 1411 (d'autres lettres patentes confirmeront le privilège jusqu'à l'époque de Louis XIV).
C'est en 1447 que le dauphin Louis, futur Louis XI, découvrit le saint-marcellin à l'occasion d'une chasse sur ses terres du Dauphiné – chasse mémorable au cours de laquelle deux bûcherons le sauvèrent in extremis d'une mauvaise rencontre avec un ours.
Deux siècles passent sans anecdote fromagère marquante… jusqu'à la visite de Louis XIV au maréchal de France Henri de La Ferté-Senneterre, qui vivait alors retiré sur ses terres d'Auvergne. À l'occasion de ce séjour, le Roi-Soleil découvrit avec délice le saint-nectaire, qui acquit ainsi ses lettres de noblesse.

---

[3] Pline l'Ancien, *Histoire naturelle*, traduction d'Émile Littré, Gallimard, 1999.

Ce milieu de XVIIe siècle voit aussi pour la première fois l'apparition du reblochon dans des archives écrites. Gageons toutefois que ce fromage était beaucoup plus ancien… Il était en effet fabriqué en fraude par les fermiers, à partir du lait qu'ils « oubliaient » volontairement dans le pis des vaches quand ils effectuaient la traite pour leur propriétaire. Après le départ de celui-ci, ils « reblochaient » (c'est-à-dire qu'ils trayaient une seconde fois) et préparaient alors de petits fromages riches en crème destinés à leur propre consommation.

La reconnaissance des gastronomes

Au cours des XVIIIe et XIXe siècles, le fromage accédera peu à peu au rang de délice gastronomique. Dès 1708, Thomas Corneille (le frère de Pierre) signale dans son *Dictionnaire universel géographique et historique* le marché aux fromages de Vimoutiers, en Normandie. Il écrit notamment : « On y tient tous les lundis un gros marché où l'on apporte des excellents fromages de Livarot et de Camembert. » Or, l'invention du camembert est généralement attribuée à Marie Harel, qui est née en 1761… Ces deux informations contradictoires prouvent en fait que cette fermière avisée a surtout eu l'ingéniosité de parfaire la technique de fabrication de fromages déjà anciens et de les commercialiser intelligemment.

Mais, auparavant, la Révolution française avait bouleversé le paysage politique, entraînant des répercussions jusque dans le domaine des fromages… En effet, la dispersion des communautés monastiques provoqua une réelle pénurie du précieux aliment dans plusieurs régions. Des fermiers prirent alors souvent le relais. À l'époque, le fromage n'avait pas acquis le prestige que nous lui connaissons aujourd'hui. Il était encore largement considéré comme un aliment se substituant à la viande dans le casse-croûte des travailleurs, à cause de son prix plus avantageux. Il ne s'est imposé définitivement sur toutes les tables qu'au cours du XIXe siècle.

Ainsi, le gastronome Grimod de La Reynière (1758-1838), qui est à l'origine de l'*Almanach des gourmands* (paru de 1804 à 1812), nous a laissé un aphorisme peu flatteur : « Le fromage est le biscuit des ivrognes. » Mais peu de temps après, Brillat-Savarin (1755-1826) et Talleyrand (1754-1838) hissèrent le fromage vers les plus hautes destinées gastronomiques. Le premier déclara en effet : « Un dessert[4] sans fromage est une belle à qui il manque un œil. » (aphorisme XIV de sa *Physiologie du goût*) Et le second fit couronner le brie de Meaux « prince des fromages et roi des desserts » par Metternich au congrès de Vienne, en 1815. Sélectionné parmi cinquante-deux variétés de fromages européens, le brie en tira ensuite son surnom de « fromage des rois ».

Le XIXe siècle, ou la consécration

À la même époque, les premiers moines trappistes rentrés d'exil s'installaient dans la Mayenne, à Port-Rhingeard (qui sera rebaptisé Port-du-Salut). Ils fabriquaient du fromage et durent agrandir leur laiterie en 1850, car leur abbaye était très prospère. En 1875, le prieur don Henri proposa au commerçant Mangat, installé rue du Cardinal-Lemoine, à Paris, de tenir un dépôt de sa production. Le succès fut immédiat et les Parisiens s'arrachèrent les fromages envoyés de Mayenne trois fois par semaine, qui prirent alors le nom de marque « port-salut » – plus tard, ce nom sera vendu à une société commerciale.
Sait-on que le bleu d'Auvergne naquit au beau milieu de ce siècle si favorable aux fromages ? Vers 1850, Antoine Roussel, un fermier de la région de Laqueuille, eut l'idée d'ensemencer ses fourmes blanches fabriquées au lait de vache avec de la moisissure de pain de seigle, comme il l'avait vu faire pour le roquefort (qui est, lui, fabriqué avec du lait de brebis). Il suffisait d'y penser ! La pâte, onctueuse et persillée, connaîtra un bel avenir.
L'invention du petit-suisse date de la même époque. Comme son nom peut le laisser supposer, c'est un employé d'origine helvétique qui eut l'idée d'ajouter de la crème fraîche aux petits fromages frais que Mme Héroult fabriquait à Villers-sur-Auchy, en Picardie. Vendu chaque semaine aux Halles de Paris, le petit-suisse obtint aussitôt un succès qui ne s'est jamais démenti.
D'une façon générale, le XIXe siècle, avec ses avancées scientifiques et techniques, favorisa la promotion et la diffusion des fromages en réduisant considérablement les temps de transport. Le développement des chemins de fer fut à cet égard tout

---

[4] Brillat-Savarin a bien écrit un *dessert*, et non un *repas*, comme on le dit trop souvent par erreur.

à fait bénéfique. Exemple célèbre, l'empereur Napoléon III découvrit le camembert lors de l'inauguration de la ligne de chemin de fer Paris-Granville, en 1863. L'ayant apprécié, il s'en fit apporter aux Tuileries et tout Paris commença dès lors à manger du camembert.

À l'ère de la modernité

La fin du XIXe siècle et le début du XXe marquent un tournant dans la production des fromages, autant que dans leur commercialisation. À cette époque, des moyens modernes de communication terrestre permettent aux fromages de voyager sur de grandes distances sans trop perdre leurs qualités – ce qui était impossible auparavant. L'histoire du camembert, qui a été exporté dans le monde entier dès 1900, est à cet égard exemplaire. (Je vous renvoie à la fiche qui lui est consacrée p. 50 pour prendre connaissance de l'évolution des techniques de fabrication, de conservation et de transport de cette pâte molle à croûte fleurie que le poète Léon-Paul Fargue a surnommée « les pieds de Dieu ».)
Le XXe siècle voit l'industrialisation gagner tous les secteurs d'activité et notamment le domaine alimentaire. Il est jalonné par la naissance de nombreux fromages industriels, dont certains deviendront de grands succès commerciaux. Ainsi, La Vache qui rit est créée par Léon Bel en 1921. Le Bleu de Bresse naît en 1950, le Caprice des Dieux en 1956. La première publicité télévisée pour un fromage date de 1968 : elle vante le Boursin.
Parallèlement apparaissent des normes sanitaires de plus en plus strictes et des réglementations visant à protéger les fromages. En France, le roquefort est le premier à bénéficier d'une loi, dès 1925. D'autres fromages, comme le comté ou le bleu des Causses, obtiendront très tôt, eux aussi, des garanties légales résultant de décisions de justice. Au plan international, la convention de Stresa est ratifiée en 1952 à Rome par l'Autriche, le Danemark, la France, l'Italie, la Norvège, les Pays-Bas, la Suède et la Suisse. Elle a pour but de défendre certaines productions fromagères nationales, en garantissant leur appellation à l'extérieur de leur pays d'origine. En France, le roquefort, le camembert et le brie bénéficient de la protection de cette convention. Les premières

appellations d'origine contrôlée (AOC) ont été attribuées à partir du milieu des années 1970. Puis, sous l'impulsion de la France, les AOP (appellations d'origine protégée) sont nées à partir de la fin des années 1990, étendant la protection au niveau européen. Il existe aujourd'hui 43 pâtes classées AOP et 2 anciennes AOC toujours en attente d'agrément.

La revanche du lait cru

En ce début de XXIe siècle, les producteurs fermiers, et au-delà toute la filière, ont la satisfaction de constater que les fromages au lait cru sont définitivement implantés au niveau européen et mondial. Ces productions avaient failli disparaître au cours des années 1990 à cause de projets de loi trop restrictifs. Face à cette menace, les producteurs ont réalisé d'importants efforts dans la fabrication et le respect de règles d'hygiène strictes. Parallèlement, une réglementation réaliste a imposé des normes rigoureuses qui ont permis de maintenir la production au lait cru et, finalement, de la sauver. Au-delà de la France, où elle relève d'une tradition ancestrale, elle a désormais tendance à se développer en Europe du Nord et en Amérique du Nord – deux régions du monde où la règle est de fabriquer les fromages avec du lait pasteurisé.

C'est toute la filière qui bénéficie du maintien et de la progression du fromage au lait cru, dopée par l'excellence de ses meilleurs produits. Et nous sommes heureux de pouvoir ainsi transmettre aux générations futures le véritable goût du fromage !

LA FABRICATION du FROMAGE

Depuis des temps immémoriaux, l'homme boit le lait produit par les animaux domestiques qu'il élève. Mais cet aliment nutritif ne se conserve que quelques jours tout au plus. Le fromage est né de la nécessité de constituer des réserves de nourriture, pour passer la mauvaise saison ou pour éviter des pénuries alimentaires. Contrairement au lait, il peut être conservé, stocké et transporté.
Les principes de base de la fabrication des fromages sont toujours les mêmes, mais les hommes ont inventé de multiples variantes, modifiant à l'infini les textures, les goûts et les saveurs.

LES MATIÈRES PREMIÈRES

Il n'y a pas de fromage sans lait ni de bon fromage sans bon lait. Or, la qualité du lait dépend de multiples facteurs : pâturage, saison, moment de la traite, période des gestations…

Le lait

Matière première essentielle, le lait a une définition légale : il est le produit intégral de la traite totale et ininterrompue d'une femelle laitière bien portante. En France, on fabrique des fromages avec le lait des vaches, des chèvres et des brebis. Certains sont faits avec des races précises, tel le salers avec l'espèce du même nom. Ailleurs dans le monde, on utilise également du lait provenant d'autres espèces animales : bufflonne, renne, zébu, jument, chamelle, lama et yack.

Les constituants du lait sont identiques pour toutes les espèces animales qui en produisent, mais il existe des différences de proportions. Ainsi, le lait de vache contient en moyenne 87 % d'eau et 13 % de matière sèche, c'est-à-dire d'éléments nutritifs. Ce rapport est à peu près le même pour le lait de chèvre. En revanche, le lait de brebis est plus riche, puisqu'il comporte près de 20 % de matière sèche.

L'extrait sec du lait est composé de :
• glucides, ou sucres (essentiellement du lactose, qui représente de 36 à 40 % de la matière sèche du lait de vache) ;
• lipides, ou matières grasses (de 27 à 34 % de la matière sèche du lait de vache) ;
• protéines, ou matières azotées, dont 78 % de caséine dans le lait de vache (les protéines représentent de 25 à 27 % de la matière sèche du lait de vache) ;
• sels minéraux (beaucoup de calcium et de phosphore) et oligo-éléments ;
• vitamines (A, B2 et B12 en quantités appréciables ; C, D, E et K à l'état de traces) ;
• bactéries lactiques.

Quand il sert à la fabrication du fromage, le lait est employé soit tel qu'il sort du pis de l'animal, soit écrémé, soit enrichi en crème. Il peut être utilisé cru (sans être chauffé) dans les heures qui suivent la traite. Sinon, il faut le pasteuriser, afin d'éviter la prolifération microbienne.

La *pasteurisation* s'effectue de plusieurs façons, qui toutes combinent la température et le temps de chauffage. Les textes officiels précisent qu'elle doit être réalisée « en chauffant le lait à 71,7 °C pendant quinze secondes, ou toute combinaison équivalente ». Inventée à l'origine pour détruire le bacille tuberculeux, la pasteurisation présente en outre l'avantage de permettre une conservation plus longue des produits.

Les industriels ont inventé à la fin du XXe siècle la *thermisation*, un procédé intermédiaire qui chauffe le lait sans aller jusqu'à la pasteurisation ; les bactéries sont partiellement détruites, et

le fabricant a le droit de conserver l'appellation « fromage au lait cru ». Cette opération est indispensable quand on utilise du lait qui a refroidi pendant le transport vers la laiterie ; elle est inutile si le lait est traité encore tiède, aussitôt après la traite. (À mes yeux, la thermisation est une méthode bâtarde qui donne un lait immunodéprimé, dont on a détruit les germes pathogènes, mais qui devient incapable de se défendre en cas d'attaque par d'autres bactéries pathogènes.)
Si le lait est essentiel pour fabriquer du fromage, il faut néanmoins lui ajouter deux autres matières premières : des ferments lactiques ou de la présure, et du sel.

Les ferments lactiques ou la présure

On obtient certains caillés en laissant agir naturellement les ferments lactiques qui se développent très facilement dans le lait. La caséine fait alors coaguler ce dernier, qui prend un aspect grumeleux. Toutefois, le plus souvent, on utilise de la présure pour favoriser et accélérer la coagulation naturelle. La présure est une enzyme naturelle extraite de la caillette de l'estomac de jeunes ruminants non encore sevrés. Autrefois conservée dans un liquide acidulé, elle est aujourd'hui préparée en laboratoire sous forme de pâte ou de poudre. Il existe d'autres enzymes coagulantes du lait, qui peuvent être extraites de certains végétaux ou produites par des micro-organismes.

Le sel

Troisième ingrédient indispensable, le sel est ajouté en cours de fabrication. Selon le type de pâte, le salage est effectué soit à sec, soit par immersion dans de la saumure.

LES OPÉRATIONS FONDAMENTALES

Tous les fromages ne sont pas fabriqués exactement de la même façon, c'est pourquoi ils sont répartis en grandes familles. Cependant, quel que soit le type de pâte, plusieurs opérations fondamentales sont nécessaires pour transformer l'aliment liquide qu'est le lait en une pâte solide. (Pour les spécificités de fabrication de chaque grand type de pâte, je vous renvoie aux généralités ouvrant les chapitres qui leur sont consacrés au cœur du livre.)

Le caillage

Le caillage consiste à faire coaguler la caséine du lait. On procède de deux façons. Naturellement, il suffit de laisser agir les ferments lactiques contenus dans le lait; le caillé obtenu est floconneux, friable et riche en eau. Mais, souvent, on accélère la coagulation en ajoutant de la présure au lait; le caillé prend alors un aspect gélatineux. Les deux techniques peuvent être combinées.

Le moulage et l'égouttage

L'étape suivante consiste à séparer le caillé de l'eau et à donner sa forme au fromage (étymologiquement, *fromage* signifie «forme, être mis en forme»). En effet, le caillé est une pâte informe qu'il convient de mouler. Les formes des fromages sont extrêmement nombreuses. Elles dépendent des usages, des impératifs de fabrication, du besoin de différencier les produits… Le moulage s'effectue avec ou sans pression.
L'égouttage est souvent réalisé conjointement avec le moulage, parfois avant. Il est spontané pour les pâtes fraîches et les pâtes molles: le caillé est placé dans des moules percés ou des faisselles, et le petit-lait s'égoutte progressivement. Il peut aussi être obtenu ou accéléré par tranchage, brassage, chauffage et pressage.

Le salage

Quand les fromages sont suffisamment ressuyés (c'est-à-dire égouttés), on procède au démoulage, puis au salage. Ce dernier s'effectue par saupoudrage, par frottage ou par immersion dans un bain de saumure (une solution aqueuse de sel).

L'affinage

Mis à part les pâtes fraîches ou pasteurisées, tous les fromages sont ensuite affinés pour acquérir leur texture définitive et développer leurs arômes et leurs saveurs. La durée de l'affinage varie considérablement d'un produit à l'autre: de deux semaines à plusieurs mois – voire plusieurs années pour certaines pâtes pressées cuites.
Au cours de l'affinage, la pâte du fromage se transforme sous l'action de micro-organismes. La fleur des pâtes molles à croûte fleurie se développe sur la croûte après ensemencement de *Penicillium candidum*. Les croûtes lavées se teintent

de rouge sous l'action de ferments. Dans les pâtes cuites, une fermentation carbonique provoque des ouvertures. Quant aux persillés, ils se veinent de bleu – après ensemencement avec du *Penicillium roqueforti*, comme pour le roquefort, ou spontanément, comme pour le bleu de Termignon.
L'affinage demande des soins manuels constants, presque un maternage… Chaque pâte résulte en effet d'une longue série d'opérations et exige un réel savoir-faire. D'une façon générale, plus la pâte est compacte, plus elle doit être travaillée à une température élevée, plus l'égouttage est poussé et plus l'affinage est long. Les fromages doivent être retournés selon un rythme précis. Certains sont lavés, d'autres frottés ou brossés. Il faut constamment les tâter, les sentir, les tapoter, les surveiller. La réussite de toutes ces opérations demande en outre, pour chaque pâte, des conditions d'humidité, de température et de ventilation très précises. Ainsi, plus la température des caves est élevée, plus l'affinage est rapide. Une fois affiné, le fromage est prêt à être dégusté.

Moule à beaufort et moule à beurre

FERMIER, LAITIER ou INDUSTRIEL ?

Il n'est pas toujours facile pour le consommateur de décrypter le vocabulaire définissant les fromages. Pourtant, les étiquettes livrent des informations précises et précieuses sur la probable qualité du produit et tout amateur un tant soit peu averti doit être capable de différencier un fromage fermier d'un fromage laitier ou d'un fromage industriel.

DÉFINITIONS

Comme leur nom l'indique, les fromages fermiers sont faits à la ferme. Ils s'opposent aux fromages laitiers, fabriqués dans des laiteries et, surtout, aux fromages industriels.
Les fromages *fermiers* sont fabriqués artisanalement et selon les traditions, ce qui interdit toute production en grande quantité. Ils ne peuvent être faits qu'avec le lait des animaux élevés dans l'exploitation qui les produit. Confectionnés aussitôt après la traite, ils utilisent le lait cru. La fabrication artisanale impose de lourdes contraintes à l'exploitant et les fromages fermiers deviennent de plus en plus rares. Toutefois, contrepartie positive de cette raréfaction, les productions fermières qui survivent aujourd'hui misent toutes sur la qualité et les mauvais fromages fermiers n'existent plus.
Un fromage dit *laitier* est fabriqué dans une seule laiterie (ou une coopérative), avec le lait provenant de plusieurs exploitations. Le lait est utilisé soit cru, soit pasteurisé. Certaines fabrications laitières restent très traditionnelles ; c'est le cas du comté fabriqué en fruitière.

La *fabrication industrielle*, quant à elle, draine le lait sur une vaste région géographique et produit des fromages en très grandes quantités. Le lait provenant de multiples exploitations agricoles est transporté sur de grandes distances, stocké et mélangé : il est donc impératif de le pasteuriser avant toute fabrication. Il en résulte des fromages au goût uniforme d'un bout à l'autre de l'année, ayant beaucoup moins de saveur que les productions plus artisanales. Pour cette raison, les véritables amateurs ne rangent pas les fromages industriels parmi les grandes spécialités fromagères.

Il est assez facile de reconnaître ces différents types de productions. Les mentions « fermier » et « laitier » sont le plus souvent indiquées sur les étiquettes de commercialisation, car elles offrent une garantie de qualité et les producteurs savent qu'ils ont tout intérêt à les mentionner. En revanche, l'absence de précision signale le plus souvent un fromage industriel. Les commerçants reconnaissent l'origine des grosses meules des fromages à pâte pressée à la couleur de la plaque de caséine enfoncée dans leur croûte – mais les consommateurs ne les voient pas toujours.

Disparitions récentes

Chaque année, des fromages disparaissent. Quelques-uns refont parfois surface. Et de nouvelles créations, le plus souvent industrielles, viennent alimenter le flot de la production fromagère. Parmi les grands disparus, on peut citer :

- La bouille
- Le fromage de Monsieur
- Le carré de l'Est

Ayons une pensée pour eux !

LES AOC ET LES AOP

Les appellations d'origine contrôlée (AOC) sont attribuées par l'Institut national des appellations d'origine (INAO). Au niveau européen, elles se transforment en AOP : appellations d'origine protégée. Seulement deux fromages AOC sont encore en attente de la reconnaissance européenne : la rigotte de Condrieu et le charolais. La plupart des AOC/AOP délivrées couronnent des fromages de qualité, car ces appellations garantissent la provenance et le mode de fabrication d'un fromage. Depuis le 1er mai 2009, le logo « Appellation d'origine protégée » doit obligatoirement figurer sur les étiquettes des produits AOP.

Pour obtenir une appellation d'origine, un fromage doit bénéficier d'une certaine notoriété et faire l'objet d'une procédure d'agrément. La délivrance de l'appellation est soumise à deux conditions :

• le fromage doit être lié à un terroir et produit dans une aire géographique strictement délimitée ;

• il doit être fabriqué et affiné selon des usages traditionnels, en respectant un savoir-faire précis, mentionné dans un cahier des charges.

L'AOC/AOP résulte donc à la fois d'un terroir et de conditions traditionnelles de fabrication, c'est-à-dire essentiellement d'un savoir-faire qui se transmet de génération en génération. Dans le cas de certaines appellations d'origine, la race des animaux fournissant le lait est également spécifiée. Mes clients s'étonnent quand ils découvrent que la définition de l'aire géographique d'une AOC/AOP est très précise, car ils ne comprennent pas quelle peut être son influence sur le caractère du fromage. Que l'on songe pourtant à l'importance de la qualité du lait pour obtenir les propriétés originales d'un fromage, laquelle dépend des variétés végétales broutées par les vaches, elles-mêmes conditionnées par la nature du sol, le climat et l'exposition ! On ne le dira jamais assez : la qualité d'un fromage dépend, avant toute chose, de la saveur du lait utilisé.

À ce propos, je tiens à insister sur l'importance de l'herbe et du fourrage (récolté dans de bonnes conditions) comme nourriture des animaux si l'on veut obtenir un lait de qualité.

L'ensilage devrait être banni de l'alimentation animale, car il communique une saveur désagréable au fromage le mieux fabriqué. La suppression de l'ensilage et le ramassage quotidien du lait sont à mes yeux deux conditions impératives pour obtenir d'excellents fromages.

Des contraintes variables

Toutefois, cette notion de terroir ne suffit pas à garantir la qualité du lait utilisé : elle est une condition nécessaire, mais non suffisante. Les cahiers des charges précisant les conditions de fabrication sont en effet très différents d'une AOP à une autre. Certains sont très contraignants, d'autres beaucoup moins. Ainsi, de nombreux fromages AOP peuvent être fabriqués, au choix, avec du lait cru ou du lait pasteurisé. Or, ce dernier a perdu ses saveurs d'origine – quand il en avait –, et les pâtes qui en résultent sont beaucoup plus ordinaires. Au total, seules une douzaine d'appellations d'origine imposent une fabrication uniquement au lait cru. Dans tous les cas, le traitement du lait doit désormais être mentionné sur les étiquettes. La tendance depuis le début des années 2000 est de rendre les cahiers des charges nettement plus contraignants, complets et précis.
Les fabrications AOP représentent moins de 20 % de la production totale de fromages en France (16 % en 2011). Les trois quarts environ des AOP sont fabriquées au lait cru (73 % en 2011). Moins de 8 % sont des productions fermières. Et, pour en finir avec les chiffres, il faut savoir que les quatre plus grosses productions de fromages AOP sont : le comté (48 771 t en 2011), le roquefort (17 482 t), le reblochon (15 013 t) et le cantal (13 858 t).

Une protection inégale

L'idée de protéger les fromages est beaucoup plus ancienne que les AOP. Ainsi, le roquefort, qui a obtenu une appellation d'origine dès 1925, puis une AOC en 1979, est très bien défendu depuis fort longtemps. Dès 1411, une lettre patente de Charles VI assurait l'exclusivité de sa production aux habitants de Roquefort. Il a ensuite bénéficié d'une protection exceptionnelle dès le début du XXe siècle, grâce à une loi de 1925 (jugement du 22 décembre 1921 et loi du 26 juillet 1925).

À l'opposé, le fromage AOP le moins protégé est très certainement le camembert, car l'AOC obtenue en 1983 concerne uniquement le *camembert de Normandie*. Autant dire que sous le seul nom de « camembert » sont commercialisées des pâtes n'ayant parfois qu'un très lointain rapport avec le véritable camembert de Normandie ! (Bien sûr, ces pâtes ne bénéficient pas d'une appellation d'origine.)
Je finirai par une mention spéciale pour l'Auvergne, région dont presque tous les fromages sont classés en AOP, avec possibilité de fabrication aussi bien au lait cru qu'au lait pasteurisé ! Seul le salers déroge à cette règle, puisqu'il doit être fait exclusivement avec du lait cru provenant de vaches de la race salers – c'est d'ailleurs un excellent fromage, que je vous recommande.

Conclusion
De ce chapitre, vous déduirez qu'un fromage fermier fabriqué au lait cru et bénéficiant d'une AOP a plus de chances de combler l'amateur qu'un fromage industriel ne disposant d'aucun label particulier. En résumé, les deux facteurs déterminants de la qualité d'un fromage tiennent à la fabrication fermière et à l'utilisation du lait cru.

Liste des fromages AOP

En 2011, quarante-cinq fromages avaient obtenu une appellation d'origine.

Fromages AOP au lait de vache

Abondance
Beaufort
Bleu d'Auvergne
Bleu des Causses
Bleu de Gex-Haut-Jura
Bleu du Vercors-Sassenage
Brie de Meaux
Brie de Melun
Camembert de Normandie
Cantal
Chaource
Comté
Époisses
Fourme d'Ambert
Fourme de Montbrison
Laguiole
Langres
Livarot
Maroilles
Morbier
Munster
Neufchâtel
Pont-l'évêque
Reblochon
Saint-nectaire
Salers
Tome des Bauges
Vacherin du Haut-Doubs (mont-d'or)

Fromages AOP au lait de chèvre

Banon
Chabichou du Poitou
Charolais
Chevrotin
Crottin de Chavignol
Mâconnais
Pélardon
Picodon
Pouligny-saint-pierre
Rigotte de Condrieu
Rocamadour
Sainte-maure de Touraine
Selles-sur-cher
Valençay

Fromages AOP au lait de brebis

Brocciu ou brocciu corse
Ossau-iraty
Roquefort

Les FROMAGES INDUSTRIELS

Un livre sur les fromages – fût-il *Le Guide de l'amateur* – se doit de présenter les réussites industrielles en la matière. Pourtant, autant je respecte le fromage industriel comme aliment nourrissant, sain et bon marché, dont l'intérêt est tout à fait justifié pour la consommation quotidienne, autant je lui dénie presque tout intérêt gastronomique. Un petit conseil : choisissez des pâtes ordinaires pour les jours ordinaires et achetez des fromages de qualité quand vous recevez des amis ou de la famille.

Il existe trois grands industriels dans le secteur fromager, appelés familièrement *les 3 B* : Bel, Bongrain et Besnier, même si ce dernier est devenu « groupe Lactalis » en 1999. Bel a pris son essor dès le début du XXe siècle, avec la création de La Vache qui rit en 1921. Bongrain est le créateur du Caprice des Dieux, dont le nom ne doit rien au hasard… En effet, le futur industriel était au séminaire, se destinant à une carrière ecclésiastique, quand son père mourut, au milieu des années 1950. Appelé à reprendre l'entreprise familiale, il dut renoncer à sa vocation. Il créa alors un nouveau fromage, qu'il baptisa le *Caprice des Dieux*, soulignant ainsi l'intervention de la volonté divine dans sa destinée. La maison Bongrain a ensuite connu un grand succès et s'est diversifiée dans le secteur alimentaire bien au-delà du fromage. Quant au groupe Lactalis, il provient lui aussi d'une petite laiterie familiale (située en Mayenne) et reprise par un fils entreprenant au milieu des années 1950. Le choix était simple à l'époque : continuer à végéter ou voir plus grand. Michel Besnier a opté pour la pasteurisation et l'industrialisation, avec succès : il a réussi à se hisser au rang de premier producteur européen de fromages. Resté exclusivement fromager, il a notamment créé la célèbre marque Président. Bon sang ne saurait mentir : son fils Emmanuel a repris la grande tradition laitière familiale et poursuivi la progression du groupe. Avec lui, Lactalis est devenu le premier producteur mondial de fromages AOP, le premier producteur de fromages au lait cru et, en 2011, le numéro un mondial des produits laitiers. La progression de Lactalis sur le marché mondial depuis le début des années 2000 est impressionnante. La réussite de ce groupe français de tradition familiale, devenu en quelques décennies leader mondial dans son secteur, mérite d'être saluée, d'autant plus que cette ascension s'est effectuée en préservant des produits de qualité. Lactalis a conservé une fabrication non-industrielle très intéressante, permettant la survie de petits producteurs qui auraient disparu sans son intervention.

Tous les fromages industriels présentent les deux caractères suivants : ils sont fabriqués avec du lait pasteurisé et leur qualité est égale d'un bout de l'année à l'autre. Je me limiterai dans ce chapitre aux productions *exclusivement* industrielles. Elles sont, pour la plupart, de création assez récente.

Belle des Champs
Pâte molle à croûte fleurie, le fromage Belle-des-Champs a une texture souple et une saveur particulièrement douce. Il est fait avec du lait de vache.

Bleu de Bresse
Pâte persillée fabriquée au lait de vache, le Bleu de Bresse offre une texture onctueuse, presque crémeuse, et une saveur pas trop prononcée, jamais piquante. De forme cylindrique, il est enveloppé dans un papier métallisé bleu et glissé dans une protection cylindrique cartonnée.

Boursin
Fromage frais aromatisé à l'ail et aux fines herbes, le Boursin a été lancé en 1963. Il est fabriqué avec du lait de vache et commercialisé sous forme de petits cylindres ou de portions

individuelles rangées dans des boîtes en plastique. Il a donné lieu à la première publicité télévisée pour un fromage, en 1968.

Caprice des Dieux

Depuis sa naissance en 1956, le Caprice des Dieux a su s'imposer dans le paysage fromager français et sa boîte ovale est bien connue des consommateurs. Avec sa pâte molle à croûte fleurie riche en matières grasses (60 %), sa texture crémeuse, sa saveur douce et légèrement lactique, il a séduit des générations d'enfants et d'adultes. Il est fabriqué avec du lait de vache.

Chaumes

Créé en 1972, le Chaumes est une pâte molle à croûte lavée. De saveur un peu prononcée, il est aussi vendu à la coupe.

Chavroux

Comme son nom le laisse supposer, le Chavroux est fabriqué avec du lait de chèvre. Créé en 1985, ce fromage frais est emballé dans des boîtes en forme de pyramide tronquée. Il a une saveur douce.

La Vache qui rit

Quel enfant – et quel adulte – n'a jamais mangé une portion de Vache qui rit ? Après sa création par Léon Bel en 1921, ce fromage fondu, vendu en portions individuelles triangulaires sagement rangées dans des boîtes rondes, est rapidement devenu très populaire. Plusieurs concurrents ont essayé de l'imiter, sans jamais y parvenir vraiment.

Port-Salut

Proche du saint-paulin, le Port-Salut est une pâte pressée non cuite de saveur douce. C'est un descendant du port-salut que les trappistes d'Entrammes, en Mayenne, fabriquaient au XIXe siècle. Les moines cédèrent la marque commerciale en janvier 1959 aux Fermiers réunis, qui le transformèrent alors en un fromage industriel.

Saint-Albray
Cette pâte molle à croûte fleurie fabriquée avec du lait de vache est vendue en portions ou à la coupe. Le Saint-Albray a connu un succès rapide après sa création, en 1977. Sa pâte crémeuse n'a pas une saveur trop prononcée.

Saint-Môret
Fromage frais au lait de vache né en 1980, le Saint-Môret plaît beaucoup aux enfants.

Saint-Paulin
Originaire du Maine et de la Bretagne, le Saint-Paulin est désormais produit partout en France. C'est une pâte pressée fabriquée avec du lait de vache. Sa croûte lavée de couleur orange renferme une chair tendre et moelleuse, à la saveur douce. Descendant du port-salut, fromage typique des moines trappistes, le Saint-Paulin plaît aux enfants et se prête à de nombreuses préparations culinaires.

Tartare
Apparu un an après le Boursin, en 1964, le Tartare est, comme son très proche cousin industriel, un fromage frais fabriqué avec du lait de vache et aromatisé à l'ail et aux fines herbes.

Vieux Pané
S'inspirant du pont-l'évêque, le Vieux Pané est une pâte molle à croûte lavée fabriquée avec du lait de vache. Il offre une saveur un peu prononcée. Il se présente sous la forme d'un grand carré, vendu à la coupe ou en fromage plus petit préemballé.

TOUS les FROMAGES, ou PRESQUE

LES PÂTES MOLLES à CROÛTE FLEURIE

Camembert, brie, coulommiers… Ils constituent les ambassadeurs des fromages français. Les pâtes molles à croûte fleurie sont le plus souvent fabriquées avec du lait de vache. Le lait peut être cru ou pasteurisé ; selon la fabrication, on l'utilise écrémé, entier ou enrichi en crème (doubles et triples-crèmes).
La technique est classique. On procède tout d'abord à un caillage mixte, qui résulte d'une coagulation naturelle associée à un emprésurage par ajout de ferments. Le caillé est ensuite prélevé à la louche et déposé avec précaution dans des moules, afin de ne pas le briser. On le laisse s'égoutter spontanément avant de le démouler. Puis les fromages sont salés. En même temps, ils sont saupoudrés de *Penicillium*, dont la prolifération donnera les moisissures externes blanches (la fleur). Ils sont entreposés dans un local tiède et ventilé, appelé hâloir. Environ une semaine plus tard, les fromages sont transportés dans la cave d'affinage proprement dite, dont la température est plus fraîche. Là, ils sont régulièrement retournés, tous les jours au début, puis tous les deux jours. La pâte prend peu à peu sa texture tendre et pâteuse, et développe saveurs et

arômes. Au fur et à mesure que le fromage mûrit, la croûte se pigmente de rouge et de brun. Il s'écoule environ un mois entre le caillage et la maturation optimale.
À mi-chemin entre les pâtes molles à croûte fleurie et les fromages frais, les doubles et les triples-crèmes affichent, respectivement, 30 et 35 % de matières grasses. Leur fabrication s'apparente à celle décrite ci-dessus, mais le lait est enrichi avec de la crème fraîche et l'affinage est assez court.
Tous ces fromages sont typiques des régions de plaine comportant de riches pâturages et de grands troupeaux de vaches laitières, comme la Normandie et l'Île-de-France. Souvent de forme cylindrique et peu épais, ils ont une saveur assez soutenue, mais sans excès. La pâte est souple et jaune clair.

BRIE de MEAUX

- **AOC** 1980 / **AOP** 1996
- **origine** / Seine-et-Marne
- **lait** / vache
- **matières grasses** / 22 %
- **meilleures saisons** / de la fin du printemps à la fin de l'automne
- **forme** / disque peu épais
- **dimensions** / 35 cm de diamètre, 3 cm d'épaisseur
- **poids** / 2,5 kg
- **goût** / fruité
- **texture** / moelleuse

La tradition de ce grand fromage remonte au cœur du Moyen Âge. Le premier personnage royal à s'intéresser au brie fut Charlemagne. Après avoir conquis la Lombardie en 774, le roi, qui n'était pas encore empereur, fit une halte au prieuré de Reuil-en-Brie. Pour son souper, les moines lui offrirent du brie. Il trouva le fromage délicieux et demanda qu'on lui en envoyât régulièrement dans son palais d'Aix-la-Chapelle.

De Gargantua au Vert-Galant

Quelques siècles plus tard, Rabelais mentionnera les « froumaiges de Brye » à côté des « harans frais » dans la *Vie inestimable du grand Gargantua*. Puis, en février 1594, c'est Henri IV qui s'intéressera au brie. Le Vert Galant soupait au château de Meaux avec son épouse Marguerite de Valois – plus connue sous le nom de « reine Margot ». Il brûlait de rejoindre sa favorite Gabrielle d'Estrée, mais la reine avait elle-même choisi un brie dont il se montra très friand et qui le détourna – pour un temps, du moins – de ses desseins érotiques… La tradition orale n'en dit pas plus, mais elle assure que la reine Margot devint ensuite experte dans l'art de choisir les bries pour satisfaire – et retenir ? – son époux.

Erreur fatale

On rattache au brie une autre histoire royale, mais aux conséquences funestes, celle-ci. Lors de sa fuite pour tenter de gagner l'étranger, en juin 1791, Louis XVI fit étape à Varennes. Pris d'une faim aussi soudaine qu'irrépressible, il fit arrêter son coche et se rassasia d'un brie de Meaux arrosé de vin rouge. Alors que ses proches le pressaient de poursuivre sa route, le roi voulut absolument terminer le délicieux fromage qui lui avait été servi. Terrible erreur politique ! Louis XVI avait été reconnu à l'étape précédente par Drouet, le fils du maître de poste de Sainte-Menehould, et ce repas improvisé laissa à ses adversaires le temps d'organiser son arrestation. On connaît la suite… Depuis, de mauvaises langues chuchotent que le brie de Meaux a fait perdre la tête au roi trop gourmand !

Irremplaçable Talleyrand

Un épisode beaucoup plus glorieux s'est joué au XIXe siècle : le brie de Meaux connut son heure de gloire en 1815, grâce à Talleyrand. L'homme politique français représentait Louis XVIII au congrès de Vienne. Il s'ennuyait, dit-on, les débats traînant en longueur. Au cours d'une conversation informelle avec le prince de Metternich – représentant de l'Autriche –, Talleyrand vanta les mérites de la gastronomie française et soutint qu'aucun fromage ne pouvait égaler le brie de Meaux… Les diplomates présents, piqués au vif, relevèrent tous le gant et un concours fut organisé. Chacun fit venir les meilleurs fromages de son pays. De France, on expédia, entre autres, un brie fabriqué par un certain Baulny à la ferme de Villeroy, près de Meaux. Après dégustation et délibération, le brie de Meaux fut sacré « prince des fromages et roi des desserts » par Metternich. Grâce à lui, la France vaincue regagna ainsi un peu de prestige auprès des Européens !

Maintenant que vous connaissez son riche passé, je suis sûre que vous ne pourrez plus rester indifférent aux charmes d'un bon brie de Meaux. Il doit être affiné à cœur, sans blanc et homogène. Le brie présente parfois un défaut : sa croûte se détache de la chair ; dans ce cas, et surtout si vous remarquez une légère coulure, sachez qu'il sera moins bon.

Dégustation

Le brie de Meaux est à l'image de son histoire. C'est un fromage de caractère, mais pas trop trempé, qui convient à tous. Il est moelleux et a du goût, sans être trop fort. Idéal pour garnir un buffet, un brie de Meaux entier rassasie de trente à quarante convives. On peut le servir en fromage unique à la fin d'un repas, sur un buffet ou l'emporter à l'occasion d'un pique-nique. Pour ma part, je le préfère en fin de repas, seul ou avec d'autres fromages.
Je vous conseille de goûter le brie de Meaux avec un bon cidre, sec et frais. L'association surprendra certains, elle est pourtant très réussie. À la fin d'un repas, elle permet de poursuivre avec un nouvel entrain ; très exactement, elle donne envie de reprendre une deuxième fois du fromage. Au dire des spécialistes, cette sensation serait provoquée par le gaz carbonique contenu dans le cidre, qui favorise l'action des sucs gastriques et stimule la digestion. Le cidre offre d'ailleurs d'autres avantages : il contient peu de calories et a de nombreuses vertus – au Moyen Âge, on lui prêtait de multiples propriétés médicinales !

Spécialités

Autant vous l'avouer, le brie aux truffes n'est pas ma tasse de thé ! À mon avis, il gâche la truffe et je ne suis pas sûre que cette dernière apporte grand-chose au fromage. Pour moi, rien ne vaut un bon brie de Meaux nature. Mais certains aiment… Alors, à vous de juger !
Dans le domaine des spécialités locales, il est encore possible de trouver des *bries noirs* sur le marché de Meaux. Il s'en vendait couramment il y a encore dix ou vingt ans. Ces bries sont dits noirs par opposition à la couleur blanche du brie de Meaux ; en fait, ils sont marron. Le brie noir est un brie qui a pris une couleur foncée en séchant. Son goût très puissant rappelle un peu celui du savon. Ce fromage doit son existence au sens de

l'économie de nos aïeux, car c'est en fait un brie trop vieux. Jadis, quand les fermiers avaient fabriqué beaucoup de fromages, ils en faisaient sécher une partie afin de les consommer plus tard, notamment à l'époque des moissons – d'où son deuxième nom de *brie des moissons*. Ce fromage très nourrissant était glissé dans le casse-croûte des ouvriers agricoles. Le brie noir n'existe plus guère que comme survivance historique et sa disparition prochaine est probable.

Un nez qui en dit long

Je finirai pas une anecdote. Savez-vous qu'un bon Briard ne coupe jamais le nez d'un brie (c'est-à-dire la pointe du morceau) ? Il respecte en cela les usages du savoir-vivre, mais cette pratique a aussi une tout autre origine. Autrefois, en Brie, quand un jeune homme se présentait dans une maison pour demander la main d'une jeune fille, on ne lui répondait jamais directement. Simplement, le père de l'élue sortait un morceau de brie et du cidre. À la fin du discours du jeune homme, il coupait le fromage et l'offrait aux personnes présentes. S'il coupait le nez du brie, cela signifiait que le jeune homme ne convenait pas. Sinon, la demande en mariage était acceptée. Dans tous les cas, on dégustait le fromage et le cidre. La collation terminée, le jeune homme repartait. On ne lui avait dit ni oui ni non, mais il connaissait la réponse !

Moule à brie

BRIE de MELUN

- **AOC** 1980 / **AOP** 1996
- **origine** / Seine-et-Marne
- **lait** / vache
- **matières grasses** / 23 %
- **meilleures saisons** / de la fin du printemps à la fin de l'automne
- **forme** / disque assez épais
- **dimensions** / 24 cm de diamètre, 3,5 cm d'épaisseur
- **poids** / 1,5 kg
- **goût** / puissant
- **texture** / onctueuse

L'origine du brie de Melun se confond avec celle du brie de Meaux. Aujourd'hui, on reconnaît le brie de Melun à sa croûte rouge – celle du brie de Meaux est blanche ; quant à son goût, il est nettement plus corsé et plus fruité.

La première bouchée à la reine

Grâce à Marie Leszczyńska, l'épouse de Louis XV, le brie de Melun est lié à une spécialité gastronomique. La reine raffolait des feuilletés. Soucieux de lui être agréable, son cuisinier confectionna pour elle des petits vol-au-vent garnis de blancs de poulet, de champignons de Paris et de beurre, auxquels il ajouta des morceaux de brie de Melun écroûté et des copeaux de truffe. La première bouchée à la reine venait de voir le jour !

Dégustation

Le brie de Melun est lui aussi parfait en fromage unique, mais il ne rassasiera qu'une vingtaine de personnes. Très moelleux, il présente parfois le défaut d'être trop salé. On trouve dans le commerce des bries frais, à utiliser dans des préparations culinaires ; à mes yeux, ces bries n'ont pas d'intérêt particulier par rapport aux autres fromages frais.

Des affineurs spécialisés
Comme tous les bries, le brie de Melun est porté à maturité par des affineurs spécialisés, qui achètent les fromages frais aux producteurs. Son goût final dépend vraiment de la cave où il a été affiné. Au XIXe siècle, tous les membres de cette profession se regroupèrent aux portes de Paris, afin de pouvoir livrer leurs fromages parvenus à maturité chaque matin. Ils étaient alors nombreux à Pantin, au Pré-Saint-Gervais et aux Lilas. Quelques-unes de ces caves d'affinage subsistent de nos jours.

BRIE de NANGIS

Apparenté au brie de Meaux, le brie de Nangis porte le nom de la charmante petite ville où il est fabriqué. Nous le retrouvons avec bonheur sur nos tables depuis une vingtaine d'années, après une période de quasi-disparition au milieu du XXe siècle.

Dégustation

Grâce à sa taille modeste pour un brie, je conseille de le servir à l'occasion d'un repas regroupant une quinzaine de convives. Ce grand fromage unique entier est plus joli sur un plateau qu'une part de brie de Meaux. Quant à son goût fruité, il convient à tous.

- **origine** / Seine-et-Marne
- **lait** / vache
- **matières grasses** / 23 %
- **meilleures saisons** / fin du printemps, été, automne
- **forme** / disque peu épais
- **dimensions** / 22 cm de diamètre, 3 cm d'épaisseur
- **poids** / 1 kg
- **goût** / doux à fruité
- **texture** / onctueuse

BRILLAT-SAVARIN

Autres noms : croupet, grand vatel, pierre-robert

Dans les années 1930, Henri Androuët, un célèbre fromager parisien, eut l'idée de dédier un fromage au fameux gastronome français Brillat-Savarin (1755-1826). L'auteur de la *Physiologie du goût* n'avait-il pas écrit : « Un dessert sans fromage est une belle à qui il manque un œil. » (aphorisme XIV) Une telle sentence méritait bien un fromage ! Henri Androuët choisit un double-crème, l'excelsior, qu'il transforma en un triple-crème doux, beurré, flattant le palais… en somme, une pâte évoquant le paradis des gourmets que doit maintenant fréquenter l'illustre maître.

- **origine** / Normandie, Seine-et-Marne
- **lait** / vache
- **matières grasses** / 32 %
- **meilleures saisons** / toute l'année
- **forme** / disque épais
- **dimensions** / 13 cm de diamètre, 3,5 cm d'épaisseur
- **poids** / 500 g
- **goût** / doux
- **texture** / crémeuse

Dégustation

Avouons-le, de nos jours, la teneur en matières grasses et le goût très crémeux du brillat-savarin en font plutôt un fromage d'hiver, même s'il se consomme toute l'année. Il se tartine sur du pain pour le goûter des enfants. Comme il est gros, on peut envisager de le servir en fromage unique pour huit convives. Je vous recommande de le déguster avec du champagne, dont la fraîcheur et le goût pétillant atténuent sa richesse en crème.

Pour conclure, je livre à votre réflexion l'aphorisme VII de Brillat-Savarin : « Le plaisir de la table est de tous les âges, de toutes les conditions, de tous les pays et de tous les jours ; il peut s'associer à tous les autres plaisirs et reste le dernier pour nous consoler de leur perte. »

CAMEMBERT de NORMANDIE

Autre nom : camembert

- **AOC** 1983 / **AOP** 1996
- **origine** / Normandie
- **lait** / vache
- **matières grasses** / 22 %
- **meilleures saisons** / printemps, été, automne
- **forme** / disque épais
- **dimensions** / 10,5 cm de diamètre, 3 cm d'épaisseur
- **poids** / 250 g
- **goût** / fruité
- **texture** / onctueuse

Le camembert s'exporte plus facilement que le brie, pénalisé par ses grandes dimensions. Devenu le symbole de la France avec la baguette de pain et le verre de vin rouge, il a une taille idéale pour un fromage, puisqu'on peut le manger en une seule fois à quatre ou cinq convives.

De la Révolution à l'Empire

L'histoire du camembert ne remonte guère au-delà de la Révolution française, puisque, selon la tradition, il aurait été inventé aux alentours de l'année 1790 par Marie Harel, une Normande qui vivait dans un village voisin de la commune de

Camembert. En fait, cette fermière avisée améliora surtout sa technique de fabrication grâce aux conseils d'un prêtre réfractaire venu de Brie. En fuite vers l'Angleterre, le religieux s'était arrêté chez elle et, la voyant préparer des fromages, il lui indiqua comment on procédait dans sa région d'origine. Marie Harel s'en inspira et eut ensuite l'idée de promouvoir efficacement son fromage, qu'elle nomma *camembert*.
Quand Napoléon III inaugura la ligne de chemin de fer Paris-Granville, en 1863, un des descendants de Marie Harel eut la présence d'esprit de lui présenter un camembert. Séduit, l'empereur demanda qu'on lui en apporte régulièrement, et c'est ainsi que le fromage conquit Paris, puis la France et le monde entier.

À la conquête du monde
Toutefois, la diffusion du camembert ne connut son plein essor qu'à partir de 1890, quand M. Ridel inventa la boîte en bois qui lui donna sa forme définitive et lui permit de voyager. Jusqu'alors, les camemberts étaient enveloppés par six dans de la paille et du papier, formant un « paillon » ; compte tenu de la lenteur des moyens de transport de l'époque, on comprend qu'ils voyageaient mal et se conservaient peu hors de leur région d'origine. Grâce à la boîte ronde (faite à l'origine de copeaux d'épicéa) et au développement rapide des chemins de fer, le fromage put partir à la conquête du monde entier ; les premières expéditions vers l'Amérique eurent lieu dès 1900.

Et le camembert devint blanc
Le camembert prit la couleur blanche que nous lui connaissons vers 1910. Auparavant, il était d'un bleu tirant sur le vert, à cause de son ensemencement naturel en *Penicillium glaucum* et *Penicillium album*, des moisissures très prolifiques sous le climat humide de la Normandie. Un certain M. Roger eut l'idée de prélever sur des fromages du pays de Bray la moisissure blanche (*Penicillium candidum*) dont ils étaient recouverts, et de la déposer sur ses camemberts. Il obtint une appétissante croûte fleurie blanche, légèrement pigmentée de rouge.

La consécration américaine

Enfin, le camembert de Marie Harel reçut en 1926 la consécration qu'il méritait, grâce à un Américain – ce qui est assez savoureux quand on connaît la position actuelle des États-Unis face à nos fromages au lait cru ! Au début du XXe siècle, le docteur américain Joseph Knirim avait en effet pris l'habitude de soigner ses patients en leur prescrivant du camembert. Un beau jour de 1926, il arriva à Vimoutiers, en Normandie, avec une couronne de laurier. Venu spécialement des États-Unis, il souhaitait la déposer à Camembert sur la tombe de Marie Harel, « bienfaitrice de l'humanité » selon ses propres termes. Stupeur des Vimonastériens, qui avaient oublié jusqu'à l'existence même de la fermière et de sa famille ! Le bon sens normand permit de retrouver rapidement la dernière demeure des Harel, sur lequel le brave docteur put déposer sa couronne. Il lança ensuite une collecte en vue d'ériger une statue à Marie Harel, qui fut inaugurée en grande pompe à Vimoutiers en 1928. Détruite en 1944, la statue fut remplacée par une nouvelle sculpture, offerte par la Borden's Cheese de l'Ohio en 1956.

La rançon de la gloire

Le camembert de Normandie n'a obtenu son AOC qu'en 1983 (et son AOP en 1996). Pour bénéficier de l'appellation, les fromages doivent notamment être fabriqués avec du lait cru, salés au sel sec exclusivement et moulés à la louche. Au total, 6,5 % seulement de la production française de camemberts bénéficie de l'AOP « camembert de Normandie ». En effet, de nombreux camemberts fabriqués en Normandie n'ont pas droit à l'appellation, car ils ne respectent pas le cahier des charges de fabrication. De plus, sans doute à cause de son succès international, ce fromage est aujourd'hui fabriqué un peu partout dans le monde (en tube en Nouvelle-Zélande !), et il n'a parfois du camembert que le nom !

La société Lepetit a été la première grosse entreprise à en fabriquer. Cette firme, comme Lanquetot et beaucoup d'autres, a été rachetée par le groupe Lactalis au cours du XXe siècle. Les noms de marque ont été conservés pour des raisons commerciales, mais il faut savoir qu'aujourd'hui la production de camemberts se répartit entre neuf producteurs seulement. Quant aux véritables camemberts fermiers, ils n'existent plus…

Le camembert, fromage des fins de repas ordinaires par excellence, est une institution. Mais les dérives provoquées par son succès entraînent un risque réel de disparition du véritable camembert de Normandie. Au nom de la défense de l'un des plus célèbres produits du patrimoine gastronomique français, je me permets une suggestion : mangez moins souvent du camembert, mais choisissez-le de meilleure qualité en l'achetant chez un fromager, qui sait, lui, différencier les bons produits des moins bons. À ce propos, vous connaissez certainement le geste qui consiste à tâter la pâte du camembert avec le pouce avant l'achat – un geste devenu rituel. Pour bien l'accomplir, il faut enfoncer doucement le gras du pouce sur le dessus du fromage maintenu en dessous par l'index et le majeur. Quand il est affiné à cœur, le camembert n'offre aucune résistance.

Dégustation

Un camembert se conserve quatre ou cinq jours dans une boîte hermétique entreposée dans le bac à légumes du réfrigérateur. Il suffit de le sortir une heure ou deux avant dégustation afin qu'il retrouve tous ses arômes.

Un bon camembert de Normandie a du goût, il est fruité. Il présente une pâte moelleuse, sans blanc. Sa chair jaune ne coule pas et il ne doit pas présenter d'odeur ammoniaquée : il serait alors dépassé. La croûte est blanche, avec quelques veinures rouges.

Quant à savoir s'il faut manger la croûte ou non… je laisse à chacun le soin d'apprécier. En ce qui me concerne, je déguste le camembert de la façon suivante : j'ôte la croûte, que je repousse sur le côté de l'assiette, puis je mange d'abord la chair et ensuite la croûte… Je reconnais toutefois que cette méthode n'est consignée dans aucun manuel de savoir-vivre ! En revanche, je conseille à tous le plateau de fromages normands (camembert de Normandie, pont-l'évêque et livarot) : vous vous régalerez si vous le servez avec du cidre.

CHAOURCE

- **AOC** 1970 / **AOP** 2011
- **origine** / Champagne
- **lait** / vache
- **matières grasses** / 24 %
- **meilleures saisons** / été, automne
- **forme** / cylindre
- **dimensions** / 9 à 12 cm de diamètre, 6 cm d'épaisseur
- **poids** / 500 g
- **goût** / doux
- **texture** / crémeuse

Ce double-crème onctueux porte le nom d'un village de l'Aube situé à 30 km de Troyes, dont le blason représente un ours noir sur fond jaune surmonté de deux chats blancs se léchant la patte sur fond bleu. La zone de production définie par l'AOC est restreinte, limitée à quelques communes de l'Aube et de l'Yonne autour de Chaource. Le fromage subit un affinage assez court, d'au moins quatorze à vingt jours. Sa production progresse régulièrement depuis quelques années, puisqu'elle est passée de 1 911 t en 1998 à 2 453 t en 2011.

Un fromage ancien
Discret, le chaource n'en est pas moins un fromage ancien. Il a sans doute été créé par les religieux de l'abbaye de Pontigny. Il était déjà connu au début du XIVe siècle, quand Charles IV le Bel, de passage dans la région, se le fit présenter. On dit aussi que Marguerite de Bourgogne, épouse de Louis X le Hutin, l'exigeait à sa table.

Dégustation

Le chaource n'est pas très fort en goût, plutôt doux, onctueux. Sa pâte est un peu granuleuse, mais un excès dans ce domaine constitue un défaut. La croûte blanche présente généralement quelques tâches ocre quand le fromage est bien affiné. À la dégustation, il offre une légère pointe d'acidité très agréable. On préférera les fromages d'été, fabriqués quand les vaches paissent dans les prés.
Le chaource constitue un excellent fromage de fin de repas, auquel on peut associer un grand cru, car il saura rester suffisamment discret pour ne pas annihiler les vertus du vin.

COULOMMIERS

Le coulommiers porte le nom du village briard d'où il provient. C'est un petit brie épais. En fait, presque chaque ville ou village de Seine-et-Marne fabrique son propre brie, de dimensions variables. Nombre de ces fromages revendiquent l'antériorité de sa production et certaines personnes affirment que le coulommiers serait l'ancêtre de tous les bries… Aucune preuve ne permet de le confirmer. De la même façon, on lui attribue parfois la paternité des bouchées à la reine de Marie Leszczyńska, plus généralement attribuée au brie de Melun.

- **origine** / Seine-et-Marne
- **lait** / vache
- **matières grasses** / 22 %
- **meilleures saisons** / printemps, été, automne
- **forme** / disque épais
- **dimensions** / 13 cm de diamètre, 3 cm d'épaisseur
- **poids** / 500 g
- **goût** / fruité
- **texture** / moelleuse

Dégustation

Je vous avoue que le coulommiers au lait cru est un de mes fromages préférés. Je précise *au lait cru*, car son frère fabriqué industriellement a un goût nettement plus fade, très ordinaire, qui ne présente guère d'intérêt gastronomique. (Nombre de coulommiers sont faits avec du lait pasteurisé.) Comme il est assez épais, le coulommiers offre beaucoup de chair. Sa pâte crémeuse est fruitée et son goût de terroir assez puissant est absolument délicieux. Il doit être consommé fait à cœur, sans blanc. Sa croûte blanche tire vers l'or et le marron clair.

Le coulommiers est parfait en fromage unique pour cinq ou six personnes. Je vous le recommande au printemps ou en septembre, coulant un peu : sa dégustation est alors un grand moment ! Vous trouverez des coulommiers au lait cru chez les fromagers et sur le marché de la petite ville de Seine-et-Marne qui lui a donné son nom.

FEUILLE de DREUX

Autres noms : fromage à la feuille, dreux à la feuille

- **origine** / région de Dreux
- **lait** / vache
- **matières grasses** / 18 %
- **meilleures saisons** / fin du printemps, été, automne
- **forme** / disque peu épais
- **dimensions** / 14 cm de diamètre, 2 cm d'épaisseur
- **poids** / 300 g
- **goût** / fruité
- **texture** / crémeuse à sèche

La feuille de Dreux est ainsi nommée à cause des feuilles de châtaignier qui la recouvrent comme une décoration naturelle. Pourtant, à l'origine, nos aïeux n'utilisaient certainement pas ces feuilles dans un souci esthétique ou pour rendre leur produit pittoresque. Jadis, les fromages étaient conservés et affinés dans des coffres. Ils étaient empilés les uns sur les autres et séparés par des feuilles de châtaignier afin d'éviter qu'ils ne collent entre eux. Au fur et à mesure qu'ils s'asséchaient, leur croûte prenait une couleur marron.

Le casse-croûte des ouvriers

Dreux et ses environs n'appartiennent nullement à une riche région fromagère. En fait, l'histoire du fromage à la feuille est liée à la vie traditionnelle des grandes exploitations céréalières de l'Île-de-France. Autrefois, notamment au moment des moissons, celles-ci employaient une main-d'œuvre nombreuse, qu'il fallait nourrir. Avec le lait partiellement écrémé de leurs vaches, les fermiers préparaient des fromages à l'avance. Ils disposaient ainsi, le moment venu, d'une nourriture propre à garnir le casse-croûte de leurs ouvriers agricoles. Et comme, à l'époque, rien ne se perdait, quand le fromage devenait vraiment trop vieux pour être consommé en l'état, on le ramollissait en le laissant macérer dans du cidre. La pâte obtenue pouvait alors être tartinée sur du pain.

Dégustation

Assez pauvre en matières grasses, la feuille de Dreux plaît aujourd'hui beaucoup, car la pâte reste onctueuse. Le contact de la feuille de châtaignier au cours de l'affinage (qui dure environ un mois) lui communique un parfum et un goût boisés.

FOUGERU

Il y a quelques dizaines d'années existait encore le chevru, un gros coulommiers qui, contrairement à ce que pourrait laisser supposer son nom, était fabriqué avec du lait de vache. Après sa disparition, cette spécialité a inspiré une entreprise (la société Rouzaire, pour ne pas la nommer), qui a décidé de commercialiser à son tour un gros fromage très proche du chevru. Les producteurs ont eu l'idée de poser sur le dessus une feuille de fougère et d'en changer le nom. Ils l'appelèrent, tout naturellement, *fougeru*. Il faut noter qu'ici les feuilles de fougère ont une fonction essentiellement décorative : l'odeur de la fougère reste au niveau de la croûte et ne pénètre pas dans la pâte.

- **origine** / Seine-et-Marne
- **lait** / vache
- **matières grasses** / 24 %
- **meilleures saisons** / printemps, été, automne
- **forme** / disque assez épais
- **dimensions** / 16 cm de diamètre, 4 cm d'épaisseur
- **poids** / 650 à 700 g
- **goût** / fruité
- **texture** / crémeuse

Dégustation

Fromage de création récente, le fougeru est donc un jumeau du coulommiers – mais qui serait devenu plus gros que son frère ! L'affinage dure environ un mois. La fougère communique à la croûte son odeur de nature, qui se marie naturellement à celle des moisissures blanches. Souple au toucher, la pâte du fougeru a en fait une odeur de brie. Son goût fruité et sa chair crémeuse le font apprécier de nombreux consommateurs. Ce fromage peut présenter comme défauts un excès de sel ou une odeur ammoniaquée.

Affiné à cœur, le fougeru est un très bon fromage de fin de repas. Avec sa feuille de fougère qui apporte une indéniable note décorative, il trône dignement au milieu de n'importe quel plateau de fromages.

NEUFCHÂTEL

- **AOC** 1969 / **AOP** 1996
- **origine** / Haute-Normandie (pays de Bray)
- **lait** / vache
- **matières grasses** / 22 %
- **meilleures saisons** / fin du printemps, été, automne
- **forme** / cœur ou autre forme
- **dimensions** / cœur : 10 x 8 cm, 3 cm d'épaisseur
- **poids** / 200 g
- **goût** / doux
- **texture** / crémeuse

Le neufchâtel doit son nom à la petite ville de Seine-Maritime située au cœur de sa région de production. Nous vendons des neufchâtels en forme de cœur, parce que je les trouve plus jolis. Mais ce fromage possède une AOP un peu particulière, puisqu'on peut le trouver sous six formes différentes : en bonde cylindrique, en double-bonde, en carré, en briquette, en cœur ou en parallélépipède de 1 kg. La pâte reste toujours la même. Cette diversité de présentations provient de la variété des moules utilisés par les fermiers des siècles passés.

L'angelot du Moyen Âge

Ce fromage normand est connu depuis le Moyen Âge. Des

manuscrits du XIe siècle le mentionnent quand, aux alentours de 1050, Hugues de Gournay donna la dîme de ses fromages (la « dîme des frometons ») à l'abbaye Saint-Sauveur d'Évreux. Le *Roman de la Rose*, écrit au XIIIe siècle, évoque des « fromages angelots » qui ne sont autres que ses ancêtres. Le neufchâtel devint très populaire à Paris dès le début du XIXe siècle, en raison de la proximité de la Haute-Normandie. Il était notamment cité dans l'*Almanach des gourmands* de Grimod de La Reynière, véritable bible des meilleurs produits vendus à l'époque aux Halles de Paris, qui parut de 1804 à 1812.

Dégustation

Au goût, le neufchâtel rappelle le chaource. C'est un bon fromage, à la pâte onctueuse et douce. Privilégiez bien sûr les neufchâtels fermiers, fabriqués avec du lait cru. Les amoureux se rappelleront que, grâce à sa forme en cœur, le neufchâtel est un fromage idéal pour la Saint-Valentin !

OLIVET CENDRÉ

L'olivet cendré a pris le nom du village du Loiret où il était jadis vendu sur le marché. La cendre qui enveloppait autrefois certains fromages avait deux fonctions principales : elle permettait d'éviter que les différentes pièces ne collent entre elles quand elles étaient stockées en grande quantité et elle empêchait les mouches et autres insectes de venir se poser sur le fromage, assurant ainsi une meilleure conservation. Aujourd'hui, cette fonction a bien sûr disparu, mais l'olivet continue à être affiné dans la cendre. En effet, comme le camembert du XIXe siècle, l'olivet présentait naturellement une couleur bleue due à la moisissure qui se développe spontanément sur sa croûte : quand il n'était pas cendré, on l'appelait d'ailleurs « olivet bleu ».

Le fromage des vendanges
Autrefois, au moment de la plus forte production laitière, durant les mois de mai et juin, les fermiers fabriquaient beaucoup de fromages, qu'ils entreposaient dans des coffres avec de la cendre pour les conserver. Quelques mois plus tard, au moment des moissons et des vendanges, ils ressortaient les olivets cendrés avec lesquels ils nourrissaient les nombreux ouvriers agricoles saisonniers venus travailler à la ferme.

- **origine** / Orléanais
- **lait** / vache
- **matières grasses** / 22 %
- **meilleures saisons** / toute l'année
- **forme** / disque peu épais
- **dimensions** / 10 cm de diamètre, 2,5 cm d'épaisseur
- **poids** / 200 à 250 g
- **goût** / fruité
- **texture** / crémeuse

Dégustation

L'olivet cendré a un goût assez fin, plus doux que celui du camembert. L'affinage dure environ un mois. Affiné à cœur, c'est un fromage délicieux. On gratte un peu sa croûte avant de le consommer.
Il existe beaucoup d'olivets cendrés au lait pasteurisé. Bien sûr, vous privilégierez les fabrications au lait cru, qui ont plus de saveur.

PALET de VACHE

- **origine** / Normandie
- **lait** / vache
- **matières grasses** / 26 %
- **meilleures saisons** / toute l'année
- **forme** / disque plat
- **dimensions** / 11 cm de diamètre, 2 cm d'épaisseur
- **poids** / 175 g
- **goût** / doux
- **texture** / crémeuse

Doux et onctueux, le palet de vache séduit les amateurs de fromages aux saveurs délicates, qui préfèrent éviter les goûts trop prononcés. Les enfants grands et petits l'apprécient beaucoup et le dégustent aussi bien pendant les repas que sous forme d'en-cas.

Dégustation

Le palet de vache est tout à fait à sa place parmi des fromages plus forts et typés sur un plateau de fin de repas. Il exhale au mieux ses saveurs accompagné d'un vin rouge léger.

RIGOTTE d'ÉCHALAS

- **origine** / Lyonnais
- **lait** / vache
- **matières grasses** / 18 %
- **meilleures saisons** / toute l'année
- **forme** / petit cylindre
- **dimensions** / 4 cm de diamètre, 3 cm d'épaisseur
- **poids** / 50 g
- **goût** / fruité
- **texture** / sèche

Ce fromage très ancien remonterait aux Romains. Sa croûte est teintée à la poudre de rocou. (Cette poudre provient de la graine d'un arbuste d'Amérique tropicale, le rocouyer.) Grâce à ce colorant, la rigotte d'Échalas fraîche a une couleur orange, qui tire ensuite vers le blanc bleuté.

Dégustation

La rigotte d'Échalas se déguste fraîche ou sèche. Fraîche, elle est moelleuse, avec une saveur légèrement acide souvent appréciée. Son goût se renforce quand elle s'assèche. Sa forme la rend idéale pour une personne seule.

ROMANS

Autre nom : tomme de Romans

- **origine** / Dauphiné
- **lait** / vache
- **matières grasses** / 24 %
- **meilleures saisons** / fin du printemps, été, automne
- **forme** / disque assez épais
- **dimensions** / 8 à 9 cm de diamètre, 3 cm d'épaisseur
- **poids** / 200 à 250 g
- **goût** / fruité
- **texture** / crémeuse à sèche

Le romans est fabriqué à proximité de la petite ville dont il a pris le nom, qui est située près de l'Isère, avant sa confluence avec le Rhône. Son histoire se confond avec celle du saint-marcellin, dont il est une imitation aux proportions agrandies.

Dégustation

Le romans est un fromage doux. Il peut aussi bien être consommé frais – il est alors onctueux – que sec. Dans ce dernier cas, sa pâte devient plus friable.

SAINT-ANTOINE

Autres noms : délice de Saint-Cyr, explorateur

- **origine** / Seine-et-Marne
- **lait** / vache
- **matières grasses** / 32 %
- **meilleures saisons** / toute l'année
- **forme** / cylindre
- **dimensions** / 8 cm de diamètre, 6 cm d'épaisseur
- **poids** / 250 g
- **goût** / noisette
- **texture** / très fine, onctueuse

Magnifique triple-crème, le saint-antoine est la spécialité de notre boutique. Je m'appelle Marie-Anne Cantin et mon mari a pour nom Antoine Dias… Vous savez tout maintenant sur l'origine de ce fromage. Chaque fromager a en effet l'habitude de donner un nom différent à ce triple-crème, qui peut provenir de Seine-et-Marne, mais aussi de Normandie.

Dégustation

Le saint-antoine doit être mousseux, recouvert d'un duvet blanc. Très crémeux et onctueux, il a un goût doux et fin, avec une légère saveur de noisette. À déguster impérativement avec du champagne…

SAINT-FÉLICIEN

- **origine** / Dauphiné
- **lait** / vache
- **matières grasses** / 34 %
- **meilleures saisons** / fin du printemps, été, automne
- **forme** / disque peu épais
- **dimensions** / 8 à 9 cm de diamètre, 2 cm d'épaisseur
- **poids** / 200 g
- **goût** / fruité
- **texture** / très crémeuse

Contrairement à une idée répandue, le saint-félicien ne provient pas du village de l'Ardèche du même nom, mais de la région lyonnaise. Il a été inventé au début du XXe siècle par un crémier de Lyon.

Dégustation

Le saint-félicien est un gros saint-marcellin affiné. Ce fromage a un goût fruité. Très crémeux, il a souvent tendance à s'abandonner un peu plus qu'il ne faudrait et à dépasser les limites qui lui avaient été imparties ! On lui pardonne, car, quand il est bien affiné, le saint-félicien est un fromage prisé par de nombreux amateurs.

SAINT-MARCELLIN

- **origine** / Isère
- **lait** / vache
- **matières grasses** / 22 %
- **meilleures saisons** / printemps, été, automne
- **forme** / petit disque
- **dimensions** / 7 cm de diamètre, 2 cm d'épaisseur
- **poids** / 80 g
- **goût** / fruité
- **texture** / très crémeuse

Le saint-marcellin est un des fromages qui plaisent le plus en ce moment, sans doute à cause de sa saveur douce, fruitée, légèrement acidulée qui évoque un peu le goût du lait.

Une récompense royale

Le saint-marcellin est connu depuis longtemps. En 1447, le Dauphin, futur Louis XI, partit à la chasse dans la forêt de Lente, sur ses terres du Dauphiné. Il s'éloigna du groupe et se trouva nez à nez avec un ours énorme. Prenant peur, il cria et invoqua tous les saints. Par chance, Richaud et Bouillane, deux bûcherons qui vivaient près de là, entendirent ses appels. Ils accoururent, mirent l'animal en fuite et emmenèrent le Dauphin dans leur cabane. Pour le réconforter, ils lui offrirent du pain et du saint-marcellin. Soulagé, le futur monarque promit d'anoblir ses deux sauveurs et de leur donner 10 000 écus chacun. Les deux bûcherons furent anoblis, mais ils attendent toujours les écus… Devenu roi, Louis XI se fit régulièrement envoyer des saint-marcellins dans ses châteaux de Plessis-lès-Tours et du Louvre.

Dégustation

Aujourd'hui, on apprécie surtout le saint-marcellin affiné : sa pâte onctueuse est une crème délicieuse, qui se pâme et s'écroule. Elle a un goût délicat, tout en offrant un peu de puissance.
À l'occasion d'un dîner de six convives, vous pouvez offrir trois ou quatre excellents saint-marcellins à la fin du repas : succès garanti !
Quant à moi, j'aime le déguster dans la journée, pour satisfaire une petite faim. Je le tartine sur une grosse tranche de pain de campagne grillée : essayez, c'est absolument délicieux !
Le saint-marcellin se mange également sec (sa fabrication est alors un peu différente). On entend parfois dire que c'était autrefois un fromage de chèvre. Personnellement, je ne l'ai jamais connu qu'au lait de vache.

TRUFFÉ de la MARNE

Mon mari, Antoine Dias, a eu l'idée de ce fromage après avoir constaté que le camembert et le brie avaient des goûts trop marqués pour laisser la subtilité du parfum de la truffe s'exprimer totalement lorsqu'ils en étaient garnis. Il a décidé d'utiliser un fromage de la Marne frais et crémeux, dont la saveur plus douce saurait s'effacer et se mettre au service de la truffe : le résultat est éblouissant !
Le fromage tout frais est coupé en deux dans l'épaisseur, juste après le démoulage, et garni de truffe. Les deux parties sont ensuite replacées l'une sur l'autre, puis le fromage reste en cave

pendant une dizaine de jours, le temps de se couvrir d'une belle croûte blanche. Cette spécialité de la maison Cantin est particulièrement appréciée pendant la période des fêtes de fin d'année et jusqu'au début du printemps.
Le truffé de la Marne se déguste en famille, avec des amis. C'est aussi une idée de cadeau gourmand pour les amateurs de fromage.

- **origine** / Normandie, Seine-et-Marne
- **lait** / vache
- **matières grasses** / 32 %
- **meilleures saisons** / toute l'année
- **forme** / disque épais
- **dimensions** / 13 cm de diamètre, 3,5 cm d'épaisseur
- **poids** / 500 g
- **goût** / parfumé
- **texture** / crémeuse

Dégustation

Idéal durant la période des fêtes, je recommande de servir le truffé de la Marne en fromage unique, accompagné d'un champagne. Vous offrirez ainsi à vos convives l'occasion d'une dégustation sans pareil, qui comblera les gourmets les plus exigeants.

LES PÂTES MOLLES à CROÛTE LAVÉE

Munster, maroilles, livarot… Les pâtes molles à croûte lavée appartiennent au domaine des fromages de caractère. Leur technique de fabrication, exclusivement avec du lait de vache, est assez proche de celle des pâtes molles à croûte fleurie. Toutefois, le lait utilisé est le plus souvent légèrement écrémé, jamais enrichi en crème.

La fabrication des pâtes molles à croûte lavée débute par un caillage mixte (avec coagulation naturelle et emprésurage) un peu plus lent que celui réalisé pour les croûtes fleuries. Le caillé obtenu est déposé en vrac sur des claies en bois et très grossièrement cassé avec un sabre en bois (ou un instrument non métallique analogue), afin de briser les plus gros caillots. Après ce premier égouttage, le caillé est versé dans des moules, généralement assez hauts. On laisse s'égoutter le caillé. Puis les fromages sont démoulés et salés sur leurs deux faces. Ils sont ensuite placés dans un hâloir ventilé pendant quelques jours. Aucune moisissure ne se forme sur la croûte, car ils n'ont pas été ensemencés, mais le ferment naturel du rouge (*Bacteria linens*) se développe.

On procède ensuite à l'affinage proprement dit, dans des caves fraîches et très humides. Les cavistes lavent régulièrement les fromages sur toutes leurs faces, soit à la main, soit avec une brosse souple ou une éponge. Cette opération accélère la formation de la croûte. Au début, les lavages, presque quotidiens, sont effectués avec de l'eau salée et les fromages retournés à chaque manipulation. Puis ils sont peu à peu espacés, jusqu'à un par semaine. Enfin, lorsque le cœur de la pâte commence à s'affiner, on remplace l'eau salée par une eau le plus souvent coupée d'un alcool typique de la région : bière dans le Nord, marc en Bourgogne…
Au total, l'affinage est beaucoup plus lent que celui des pâtes molles à croûte fleurie et il faut attendre en moyenne deux à trois mois avant d'obtenir un fromage parfaitement affiné.
Les pâtes molles à croûte lavée se conservent plus longtemps que les croûtes fleuries. On les fabriquait jadis dans la plupart des régions agricoles (c'est-à-dire un peu partout en France !), pour nourrir les nombreuses personnes qui travaillaient dans les fermes. Ces fromages ont aussi une saveur plus puissante. Ils exhalent souvent une odeur forte, qui ne doit pas devenir désagréable – c'est alors le signe que l'affinage n'a pas été mené dans les règles de l'art. La pâte est généralement souple, et la croûte présente fréquemment une couleur orangée.
Sans doute à cause de leur saveur assez puissante, plusieurs membres de cette famille, telle la boulette d'Avesnes, sont assaisonnés de fines herbes ou de graines aromatiques.

AISY CENDRÉ

Autre nom : cendré d'Aisy

- **origine** / Bourgogne
- **lait** / vache
- **matières grasses** / 25 %
- **meilleures saisons** / fin de l'été, automne, hiver
- **forme** / disque assez épais
- **dimensions** / 10 cm de diamètre, 3,5 cm d'épaisseur
- **poids** / 250 à 300 g
- **goût** / corsé
- **texture** / crémeuse

Produit à Aisy-sur-Armançon, dans l'Yonne, l'aisy cendré est fabriqué comme un époisses. Lavé au marc, il est mis à mûrir sous de la cendre de sarment de vigne. À l'origine, la cendre servait à le conserver. Quand les vaches avaient beaucoup de lait, les fermiers préparaient des fromages en grand nombre, qu'ils réservaient pour nourrir les ouvriers agricoles au moment des moissons et des vendanges.

Dégustation

Moins crémeux que l'époisses, l'aisy cendré a un goût un peu puissant. Il se consomme affiné à cœur : la cendre a alors une belle couleur.

AMI du CHAMBERTIN

- **origine** / Bourgogne
- **lait** / vache
- **matières grasses** / 23 %
- **meilleures saisons** / été, automne, début de l'hiver
- **forme** / disque épais
- **dimensions** / 9 cm de diamètre, 4 à 5 cm d'épaisseur
- **poids** / 300 à 350 g
- **goût** / corsé
- **texture** / crémeuse

Apparenté à l'époisses, l'ami du Chambertin est fabriqué près du vignoble de Gevrey-Chambertin. Ce fromage récent se présente dans une boîte en bois qui ressemble à une boîte à camembert un peu haute.

Dégustation

L'ami du Chambertin est affiné au marc, comme l'époisses. Il est facile de le rajeunir quand il est devenu trop sec. Il suffit de verser un petit peu de marc sur le dessus du fromage environ une heure avant de le servir. J'en connais qui le font ensuite flamber… Je n'ai jamais goûté, mais vous pouvez toujours essayer !

BOULETTE d'AVESNES

- **origine** / Hainaut (Nord)
- **lait** / vache
- **matières grasses** / 23 %
- **meilleures saisons** / toute l'année
- **forme** / cône (en forme de poire)
- **dimensions** / 6 à 8 cm de diamètre à la base, 7 à 9 cm de hauteur
- **poids** / 200 g
- **goût** / puissant
- **texture** / plutôt friable

Avant la Seconde Guerre mondiale, ce petit fromage produit dans l'Avesnois ressemblait vraiment à une boulette, d'où son nom. Aujourd'hui, il se présente sous la forme d'un cône orange aux contours inégaux, car il est moulé à la main. La boulette d'Avesnes est fabriquée à partir de pâte à maroilles frais, aromatisé avec du persil, de l'estragon et du poivre. Au cours de l'affinage, qui dure trois mois, le fromage est régulièrement lavé à la bière. Sa croûte est ensuite teintée à la poudre de rocou.

Le sens de l'économie

Nos ancêtres ne gaspillaient rien. Au lieu de jeter les maroilles cassés, ils les récupéraient et les malaxaient avec des herbes et des épices pour former de nouveaux fromages. Les fermiers fabriquaient aussi des boulettes avec du babeurre chauffé. Autrefois, il existait donc des boulettes d'Avesnes maigres et d'autres plus grasses. Il en résultait un fromage inégal dans sa teneur en matières grasses selon la saison et la provenance.

Variante
La boulette de Cambrai est une proche parente de la boulette d'Avesnes, mais elle appartient à la catégorie des fromages frais, car elle n'est pas affinée ; elle est blanche et sa saveur est moins forte.

Dégustation

Aujourd'hui, la composition et le goût de la boulette d'Avesnes varient peu au cours de l'année. Toutefois, on l'apprécie mieux en hiver, car c'est un fromage onctueux et très puissant, avec un goût d'estragon prononcé. Il peut présenter comme défaut un excès de piquant.

CURÉ NANTAIS

Autres noms : fromage du curé, nantais

- **origine** / Loire-Atlantique
- **lait** / vache
- **matières grasses** / 25 %
- **meilleures saisons** / toute l'année
- **forme** / carré
- **dimensions** / 9 cm de côté, 4 cm d'épaisseur
- **poids** / 200 g
- **goût** / fruité
- **texture** / tendre

Le curé nantais a été inventé par un prêtre vendéen pour combattre la disette pendant la Révolution française. De nos jours, il est produit en Loire-Atlantique, à Pornic.

Dégustation

Le curé nantais s'apparente aux fromages d'abbaye. Mais sa pâte souple est fruitée et son goût se révèle assez prononcé pour un fromage de cette catégorie.
Compte tenu de mes attaches vendéennes, je me devais de citer ce vieux fromage régional, honnête et simple. Mais il faut reconnaître qu'il ne fait pas partie des grands.

DAUPHIN

- **origine** / Hainaut
- **lait** / vache
- **matières grasses** / 25 %
- **meilleures saisons** / toute l'année
- **forme** / brique
- **dimensions** / 10 cm de longueur, 5 cm de largeur, 3,5 cm d'épaisseur
- **poids** / 400 g
- **goût** / puissant
- **texture** / plutôt friable

Le dauphin aurait été inventé jadis en l'honneur de Louis XIV et de son fils le Dauphin, quand ils passèrent dans le Hainaut après avoir signé le traité de Nimègue (1678). Mais cette histoire pourrait n'être qu'une légende, car l'abbaye de Maroilles le mentionnait déjà dans ses comptes en 1670…

Dégustation

Apparenté à la boulette d'Avesnes, le dauphin est une pâte à maroilles aromatisée de fines herbes, au goût puissant. Chaque fabricant a son propre mélange.

ÉPOISSES

- **AOC** 1991 / **AOP** 1996
- **origine** / Bourgogne
- **lait** / vache
- **matières grasses** / 23 %
- **meilleures saisons** / été, automne, hiver
- **forme** / disque épais
- **dimensions** / 10 cm de diamètre, 3,5 cm d'épaisseur
- **poids** / 300 g
- **goût** / corsé et délicat
- **texture** / crémeuse

L'histoire de ce fromage ancien qui a bien failli disparaître est exemplaire. Selon la tradition orale, la cour de Louis XIV s'en régalait déjà, grâce au comte de Guitaut, qui le faisait venir de Bourgogne. Au début du XVIe siècle, le fromage était probablement fabriqué par une communauté de religieux installée à Époisses. Les moines auraient transmis leur savoir-faire aux paysans de la région. À partir du XVIIIe siècle, l'époisses est régulièrement mentionné dans les documents d'archives.

Le « roi des fromages »

L'apogée de la fabrication de l'époisses se situe au XIXe siècle : le fromage était alors très renommé. Napoléon Ier l'appré-

ciait avec un chambertin et Brillat-Savarin l'appelait le « roi des fromages ». Il obtint le deuxième prix du concours de dégustation organisé en marge du congrès de Vienne par Talleyrand, en 1815.
Un curieux manuscrit de 1852, conservé à la Bibliothèque nationale espagnole, à Madrid, témoigne lui aussi de l'importance de l'époisses à cette époque. L'ouvrage avait été commandé en 1849 au lieutenant-colonel don José Saenz de Urraca par le roi d'Espagne don Carlos (aussi appelé Charles de Bourbon) ; le militaire devait effectuer une enquête sur tous les aspects de la fabrication des fromages dans les pays d'Europe, afin d'aider au développement de la vocation fromagère de l'Espagne. Entièrement écrit à la main et illustré d'aquarelles, le livre ne retint que dix-sept spécialités européennes, dont « le fromage appelé d'Époisses-Côte d'Or ».

Un dangereux déclin

À partir de la Première Guerre mondiale, l'époisses connut un déclin progressif. D'environ 300 fermes productrices avant 1914, on passa à moins de 25 à la veille de la Seconde Guerre mondiale et à 2 en 1950 ! Il n'y avait plus guère alors que l'épicerie Faussot, de Semur-en-Auxois, qui en vendît encore ; son propriétaire ramassait des fromages frais dans les fermes et les affinait en ville. À la fin de l'année 1956, l'époisses disparut totalement du commerce…

La renaissance

Refusant la disparition de ce merveilleux fromage, Robert et Simone Berthaut décidèrent de reprendre sa fabrication. Ils mobilisèrent les connaissances de leurs proches, se renseignèrent auprès des vieilles paysannes qui savaient encore faire l'époisses et créèrent une fromagerie dès 1957. Ils retrouvèrent les méthodes d'antan et réussirent à relancer la production en utilisant des pratiques historiques indispensables à son élaboration, à contre-courant du productivisme ambiant.
Au début de sa fabrication, l'époisses est lavé deux fois par semaine, avec de l'eau salée. Environ trois semaines plus tard, on augmente la fréquence des lavages, en ajoutant de plus en plus de marc de Bourgogne à l'eau. Jadis, le fromage était posé sur de la paille de seigle pendant l'affinage. Cette pratique a disparu.

Les efforts des Berthaut portèrent leurs fruits et l'époisses put renaître. Un Syndicat de défense du fromage d'époisses fut créé en 1968 et l'AOC garantissant sa qualité fut obtenue en 1991. Aujourd'hui, la production d'époisses a retrouvé son niveau d'avant la Première Guerre mondiale. Soutenons-le, car il fait partie intégrante de notre patrimoine.

Dégustation

L'époisses est un très bon fromage au goût fruité, à la pâte délicate, très fine et lisse, sans grain. Il a une belle couleur orangée, qui provient de ses lavages au marc de Bourgogne.

GRIS de LILLE

Autres noms : vieux-lille, puant macéré, puant de Lille

Le gris de Lille est d'abord fabriqué comme un maroilles, puis il est plongé dans de la saumure (c'est-à-dire de l'eau salée) pendant trois mois. Autrefois, ce mode de fabrication permettait de le garder plus longtemps. Le gris de Lille était en effet un de ces fromages d'ouvrier qui se conservait et se mangeait avec du pain tout en étant calorique. En général, les mineurs buvaient en même temps du café noir ou du genièvre.

Dégustation

Vous vous en doutez, le gris de Lille développe un goût très puissant, parfois piquant. Quant à son odeur… ce n'est pas un hasard si on le surnomme aussi *puant macéré* ou *puant de Lille* : il sent très fort ! Un jour, dans ma boutique, des Américains qui ne connaissaient pas les fromages forts français ont probablement eu le choc de leur vie quand ils en ont goûté un morceau !

N'en déduisez pas pour autant que le gris de Lille est immangeable pour les consommateurs contemporains. Il existe au contraire parmi les gastronomes de véritables amateurs, qui le préfèrent même au maroilles. Personnellement, je lui reproche surtout son manque de finesse : c'est un fromage fort, mais qui ne développe pas de saveur en bouche.
Le gris de Lille se consomme plutôt l'hiver. Quand vous recevez un amateur, sachez que vous pouvez acheter un quart de fromage seulement ; vous lui ferez plaisir, et s'il en reste un morceau à la fin du repas, vous le lui donnerez quand il partira.
Vous avez aussi la possibilité de présenter le gris de Lille en fromage unique… Je vous recommande toutefois de réserver ce genre d'expérience aux amateurs de sensations fortes ! Dans ce cas, allez jusqu'au bout et servez en même temps du café noir ou du genièvre.

- **origine** / Nord
- **lait** / vache
- **matières grasses** / 25 %
- **meilleures saisons** / toute l'année
- **forme** / pavé
- **dimensions** / 13 cm de côté, 5 cm d'épaisseur
- **poids** / 700 à 800 g
- **goût** / très puissant
- **texture** / un peu sèche

LANGRES

- **AOC** 1991 / **AOP** 2012
- **origine** / Haute-Marne
- **lait** / vache
- **matières grasses** / 23 %
- **meilleures saisons** / fin de l'été, automne, début de l'hiver
- **forme** / cylindre avec une cavité sommitale
- **dimensions** / 8 à 9 cm de diamètre, 5 à 6 cm d'épaisseur
- **poids** / 250 g
- **goût** / puissant
- **texture** / crémeuse

Le nom de ce fromage ancien provient du plateau de Langres et de la petite cité du même nom située près de la source de la Marne, qui est le centre traditionnel de commercialisation du langres. Ville natale du philosophe Diderot (1713-1784), cette cité millénaire est située à 475 m d'altitude, au sommet d'un promontoire rocheux.
Très ancien, puisqu'il date du XVIIe siècle, le langres a obtenu une AOC en 1991.

Une fontaine pour le marc

De nos jours, la plupart des langres sont cylindriques. Mais, pendant longtemps, leur forme est restée plutôt tronconique. En revanche, la dépression sommitale a toujours existé : appelée

« fontaine », elle est profonde d'au moins 5 mm. Elle est due au fait que le fromage n'est pas retourné pendant l'affinage ; il en résulte un affaissement de la pâte sous la croûte. On conseille généralement d'ajouter un peu de marc dans cette cavité avant de le servir.
Vous trouverez parfois du langres à la coupe : le fromage mesure alors de 16 à 20 cm de diamètre, pour un poids d'environ 800 g. Ce langres de plus grandes dimensions bénéficie également de l'AOP. Toutefois, personnellement, je préfère le langres de petite taille, qui permet un meilleur affinage et donne un fromage plus parfumé.

Dégustation

Cousin germain de l'époisses, le langres présente une pâte un peu moins fine. Son goût est puissant, mais sans excès. Sa pâte fondante et crémeuse en fait un fromage agréable, qui plaît de plus en plus aux consommateurs. Certains langres sont lavés au marc de Bourgogne ou de Champagne pendant leur affinage.

LIVAROT

Autre nom : colonel

Entouré de laîches, qui sont généralement au nombre de cinq, comme autant de galons, le livarot s'est vu attribuer le surnom de « colonel ». Les laîches (*Typhia latifolia*) sont des plantes aquatiques très communes dans les zones humides. Elles étaient jadis ramassées une fois par an, à la fin de l'été, dans les endroits marécageux du pays d'Auge. Après séchage, on les fendait en plusieurs parties dans le sens de la longueur. Les brins obtenus servaient à faire tenir les livarots, des fromages épais, pendant l'affinage. Devenues inutiles depuis l'apparition des boîtes à fromage, les laîches ont néanmoins été conservées, sans doute par habitude et peut-être aussi dans un souci esthétique.

- **AOC** 1975 / **AOP** 1996
- **origine** / Normandie
- **lait** / vache
- **matières grasses** / 22 %
- **meilleures saisons** / fin du printemps, été, automne, début de l'hiver
- **forme** / disque épais
- **dimensions** / 12 cm de diamètre, 4 à 5 cm d'épaisseur
- **poids** / 450 à 500 g
- **goût** / puissant
- **texture** / tendre

Un vieux normand

Le livarot est l'un des fromages de Normandie les plus anciens. Son nom provient de la ville de Livarot, située dans le Calvados. Il s'agit probablement d'un dérivé de l'ancien angelot, cité au XIIIe siècle dans le *Roman de la Rose*, puis mentionné avec le camembert, en 1708, dans le *Dictionnaire universel* de Thomas Corneille, le frère de Pierre. (Il faut toutefois savoir que le pont-l'évêque revendique la même paternité.)

À la fin du XIXe siècle, le livarot était le fromage le plus consommé en Normandie. Il s'en vendit environ 4,5 millions rien que pour l'année 1877. Il existait alors 200 caveurs, une profession aujourd'hui disparue qui consistait à affiner les livarots frais achetés aux fermiers.

La « viande du pauvre »

Grâce à son climat humide, la Normandie a toujours eu des prairies riches, qui l'ont transformée en un pays d'engraissage de bovins. Il en résulte une forte production laitière, qui génère d'importantes quantités de crème, de beurre et de fromages.

Autrefois, le livarot était un fromage maigre, fabriqué avec le lait débarrassé de sa crème. On pouvait le conserver longtemps et le faire sécher. Quand les vaches avaient beaucoup de lait, les fermiers augmentaient d'autant la fabrication de livarots. Mis à sécher, ceux-ci se conservaient six mois ; les fromages obtenus procuraient une nourriture consistante qui accompagnait le pain et le cidre du déjeuner des ouvriers agricoles. À une époque où la viande était très chère, le livarot constituait la « viande du pauvre ».

Dégustation

La croûte du livarot est teintée à la poudre de rocou ; toutefois, le ferment naturel du rouge remonte spontanément pendant l'affinage au cours des lavages successifs du fromage à l'eau salée.

Il y a encore quelques dizaines d'années, le livarot avait énormément de goût. Aujourd'hui, il demeure un fromage puissant, mais il a perdu de sa force. Un bon livarot présente une pâte ferme et il fond en bouche.

Toutes ces qualités en font un excellent fromage, que je vous conseille de déguster avec du cidre : c'est très bon ! Je vous suggère de servir à l'occasion d'un dîner un plateau normand, présentant un camembert, un livarot et un pont-l'évêque, que vous accompagnerez d'une bouteille de cidre. Offrez ensuite une tarte aux pommes ou des pommes au four et vous terminerez votre repas de la plus agréable façon.

MAROILLES

Autre nom : marolles

- **AOC** 1955 / **AOP** 1996
- **origine** / Nord
- **lait** / vache
- **matières grasses** / 29 %
- **meilleures saisons** / été, automne, hiver
- **forme** / pavé
- **dimensions** / 12 à 13 cm de côté, 6 cm d'épaisseur
- **poids** / 700 à 800 g
- **goût** / très puissant
- **texture** / moelleuse

Le maroilles est le fromage du Nord le plus connu. Son origine est fort ancienne. Au VIIe siècle existait, dans le nord de la Gaule, le village de Maro l'Alo (Maroilles). Les auteurs divergent sur la signification de ce nom : « grande clairière des Gaulois », « joli jardin d'Hainault » ou « terre de Dieu et du soleil »… J'en déduis que c'était un endroit fertile où les vaches se nourrissaient d'une herbe abondante et donnaient un lait riche. L'abbaye bénédictine du lieu, fondée par saint Humbert, utilisait ce lait pour fabriquer des fromages. En 920, la charte de Charles III le Simple la rattacha à l'église de Cambrai. Puis l'évêque Enguerrand créa un marché ; grâce aux droits perçus et à sa générosité, il restaura l'abbaye, endommagée par les envahisseurs normands.

Le maroilles était alors connu sous le nom de *craquegnon* ou *merveille de Maroilles*. Henri IV appréciait beaucoup ce fromage renommé, qu'il allait acheter lui-même quatre sous pièce quai de Bercy, à Paris.
Le maroilles a été le cinquième fromage à obtenir une AOC, dès 1955.

Dégustation

Le maroilles a un goût puissant et il sent fort, mais il est moelleux en bouche. La couleur rouge de sa croûte provient d'un ferment naturel (*Bacteria linens*, ou « ferment du rouge »), qui se développe au fil des lavages successifs à l'eau salée durant l'affinage. Sa puissance s'accorde avec un vin rouge corsé, mais sa saveur sera exaltée par une bière du Nord. Quant à la tarte au maroilles, elle est aussi délicieuse que facile à préparer : c'est une pâte à pain recouverte de maroilles et passée au four (voir p. 307).

MUNSTER

Autre nom : munster-géromé

Le munster est l'un des plus anciens fromages français. Son nom provient d'une petite ville du Haut-Rhin, dont le toponyme provient d'une altération du mot latin *monasterium* (« monastère »). Le village de Munster se développa en effet autour d'une abbaye bénédictine dédiée à saint Grégoire, fondée en 668. Les moines se consacraient à l'élevage de bovins et la fabrication de fromages était pour eux un mode de conservation du lait.

Deux noms pour un fromage

L'appellation d'origine protégée autorise également l'utilisation du nom munster-géromé. Depuis plus de six cents ans, les deux noms munster et géromé désignaient un même fromage fabriqué dans deux régions voisines. Le premier provenait des environs de Munster, sur le versant oriental des Vosges. Le second était produit de l'autre côté de la ligne de crête, à proximité de Gérardmer (qui se dit Géromé en patois). Cette dernière ville était d'ailleurs le principal marché pour ces fromages, dont le prix était fixé chaque année, le 23 juin, à l'occasion d'une grande fête. En 1697, l'intendant Vaubourg des Maretz indiquait dans un rapport que « le fromage confectionné dans les environs de Gérardmer se débite en Suisse, en Franche-Comté et dans le Luxembourg ».

- **AOC** 1969 / **AOP** 1996
- **origine** / Alsace-Lorraine
- **lait** / vache
- **matières grasses** / 23 %
- **meilleures saisons** / été, automne, hiver
- **forme** / disque assez épais
- **dimensions** / 13 à 19 cm de diamètre, 3 à 5 cm d'épaisseur
- **poids** / 600 à 700 g
- **goût** / puissant
- **texture** / crémeuse

Dégustation

Lavé à la bière au cours de sa fabrication, le munster a un goût puissant. En Alsace, on le mange avec des pommes de terre cuites à l'eau dans leur peau, en plat unique. C'est également

un fromage idéal après une choucroute; pour rester dans le ton, il suffit de terminer le repas avec une tarte aux myrtilles.
Pour ma part, j'aime le savourer avec de la bière: un pur délice! L'association avec un gewurztraminer est également très réussie.

Avec du cumin ?
Il faut évoquer ici le munster au cumin, qui a connu son heure de gloire dans les années 1970-1980. Il me semble que cette mode passe, mais il reste des amateurs.
Je ne recommande pas d'acheter cette spécialité toute préparée. Je vous conseille plutôt de choisir un bon munster, et de le servir avec des graines de carvi ou de cumin déposées dans de petites coupelles. Ces graines ont la réputation de faciliter la digestion.
Toutefois, sachez que la plupart des Alsaciens voient rouge quand on leur parle de mettre du cumin dans leur munster. Je les comprends, car, personnellement, je trouve que les graines gâchent le goût du fromage.

PAVÉ d'AUGE

Autre nom : pavé de Moyaux

Ce fromage a bien failli disparaître au XXe siècle : entre la Première et la Seconde Guerre mondiale, seules une ou deux fermes de la région de Moyaux en fabriquaient encore. Aujourd'hui, sa production, bien que peu élevée, reste stable.

Dégustation

L'histoire du pavé d'Auge se confond avec celle du pont-l'évêque, auquel il ressemble. Il est simplement plus épais et son affinage est un peu plus poussé. Il en résulte un fromage assez corsé, qui, grâce à sa hauteur, présente beaucoup de chair.

- **origine** / Normandie
- **lait** / vache
- **matières grasses** / 24 %
- **meilleures saisons** / fin du printemps, été, automne
- **forme** / pavé
- **dimensions** / 11 à 12 cm de côté, 5 à 6 cm d'épaisseur
- **poids** / 600 g
- **goût** / puissant
- **texture** / tendre, crémeuse

PONT-L'ÉVÊQUE

Le pont-l'évêque est, avec le livarot, un des plus anciens fromages de Normandie. Tous deux affirment descendre de l'angelot cité au XIIIe siècle dans le *Roman de la Rose*.

Au XVIe siècle, les Normands parlaient indifféremment d'angelot ou d'augelot (du pays d'Auge). Le nom de pont-l'évêque est apparu au début du XVIIe siècle, par référence à la petite ville où se tenait le marché sur lequel il était vendu. C'était alors un de ces solides fromages campagnards surtout consommés par les ouvriers, qui mangeaient peu de viande.

- **AOC** 1972 / **AOP** 1996
- **origine** / Normandie
- **lait** / vache
- **matières grasses** / 25 %
- **meilleures saisons** / été, automne, hiver
- **forme** / pavé
- **dimensions** / 10 à 11 cm de côté, 3 cm d'épaisseur
- **poids** / 350 à 400 g
- **goût** / fruité
- **texture** / tendre, onctueuse

La diligence du chemin de fer

Comme tous les fromages normands, le pont-l'évêque a connu un grand essor au XIXe siècle grâce au développement du chemin de fer. En 1800, il fallait deux ou trois jours à un Normand pour rejoindre Paris en diligence. Après la création des premières lignes de chemin de fer, cinq à six heures suffirent. On imagine le bénéfice que purent en tirer les producteurs de fromages et de beurre ! Il devint dès lors possible d'envoyer ces aliments fragiles beaucoup plus loin. À la même époque, les Halles de Paris se mirent à vendre des camemberts, des livarots et des pont-l'évêque. Classé « fromage de luxe », le pont-l'évêque était surtout acheté pour les restaurants. En fait, hormis leur forme, ces trois fromages se ressemblaient.

Dégustation

Au goût, le pont-l'évêque est beaucoup plus doux que le livarot et le pavé d'Auge. Il a une saveur fruitée, et sa pâte est onctueuse. Quand vous l'achetez, le fromage doit être souple et surtout pas trop sec.

ROLLOT

- **origine** / Picardie
- **lait** / vache
- **matières grasses** / 26 %
- **meilleures saisons** / printemps, été, automne, début de l'hiver
- **forme** / disque épais (ou cœur)
- **dimensions** / 7 à 8 cm de diamètre, 3 à 4 cm d'épaisseur
- **poids** / 200 à 300 g
- **goût** / fruité et relevé
- **texture** / ferme

Solide fromage picard, le rollot se présente le plus souvent sous la forme d'un disque ou d'un cœur, plus rarement d'une briquette. Le cœur est probablement une innovation récente, car autrefois les fermiers se préoccupaient peu de donner une forme attrayante à leurs fromages.

Un cousin du maroilles

Le rollot a été créé par des moines qui s'étaient installés près de Montdidier, en Picardie, au début du XVIIe siècle. (Cette abbaye a aujourd'hui disparu.) Venus de l'abbaye de Maroilles, ces religieux continuèrent à l'identique la fabrication de fromages, auxquels ils donnèrent toutefois une forme différente. Louis XIV, à l'occasion d'un voyage dans les Flandres au printemps 1678, fit une étape à Orvillers pour se restaurer. On lui apporta un rollot fabriqué par un certain Debourges. Le roi apprécia tellement le fromage qu'il demanda qu'on en serve à sa table et à la cour, et donna le titre de fromager royal au fermier, avec une pension de 600 livres réversible à ses enfants. Cet épisode marqua pour le rollot le début d'une longue histoire.

Dégustation

Sous sa croûte orangée, le rollot a un goût relevé et fruité assez proche de celui du maroilles. Toutefois, comme il est moins gros, il développe moins de puissance.
Je vous suggère une idée originale pour la Saint-Valentin. Prenez un cœur de neufchâtel et un cœur de rollot. Coupez les fromages en deux et inversez les moitiés : vous servirez deux fromages bicolores aux saveurs contrastées.

SOUMAINTRAIN

- **origine** / Bourgogne
- **lait** / vache
- **matières grasses** / 24 %
- **meilleures saisons** / fin du printemps, été, automne
- **forme** / disque assez épais
- **dimensions** / 12 à 13 cm de diamètre, 3 cm d'épaisseur
- **poids** / 400 à 500 g
- **goût** / doux ou fruité
- **texture** / crémeuse

Le soumaintrain est un fromage d'été très rafraîchissant. Lavé à la saumure, il présente une pellicule un peu rouge. Il est blanc à l'intérieur. Il existe également des soumaintrains à la pâte plus ferme, qui se rapprochent de l'époisses ou du munster.

Dégustation

Je vous conseille de déguster le soumaintrain jeune. Il se rapproche alors d'un fromage frais, mais avec une saveur caractéristique : il développe en bouche un goût de terroir et de lait des plus agréables. « Agréable » est en effet le qualificatif qui convient le mieux à ce fromage.

TROU du CRU

Autre nom : petit époisses

- **origine** / Bourgogne
- **lait** / vache
- **matières grasses** / 23 %
- **meilleures saisons** / été, automne, hiver
- **forme** / petit cylindre
- **dimensions** / 4,5 cm de diamètre, 4 cm de hauteur
- **poids** / 75 g
- **goût** / puissant
- **texture** / onctueuse

Le trou du cru est une création récente, conçue entre 1980 et 1985. L'idée de départ était d'obtenir une sorte de portion individuelle d'époisses. Le résultat est réussi, même si ce petit fromage n'égale pas la saveur et la finesse du grand. Un détail : faites attention à la prononciation !

Dégustation

Ce tout petit fromage, fabriqué selon la même méthode que l'époisses, est, compte tenu de sa taille, d'une saveur un peu moins fruitée. Il est parfait pour une personne seule qui veut se faire un petit plaisir.

VACHERIN du HAUT-DOUBS

Autre nom : mont-d'or

- **AOC** 1981 / **AOP** 1996
- **origine** / Haut-Doubs
- **lait** / vache
- **matières grasses** / 23 %
- **meilleures saisons** / automne, hiver, début du printemps
- **forme** / disque assez épais (plusieurs tailles)
- **dimensions** / 20 à 30 cm de diamètre, 3 à 5 cm d'épaisseur
- **poids** / 500 g à 1 kg
- **goût** / fruité
- **texture** / très crémeuse

Dans le Hauts-Doubs, le vacherin était autrefois le fromage des vachers. On le surnomme toujours là-bas « la boîte ».

Le fromage des fermiers

Jadis, le comté, gros fromage de garde, était fabriqué tant que les vaches pâturaient dans les prés. En hiver, quand les bêtes étaient à l'étable et nourries avec du foin, la production laitière diminuait en quantité et en qualité. De plus, durant la mauvaise saison, les routes étaient souvent coupées ou difficilement praticables. Dans ces conditions, au lieu d'emporter leur lait à la fromagerie, les fermiers faisaient leur fromage eux-mêmes. Cette pratique a aujourd'hui disparu, et le vacherin est désormais fabriqué dans de petites laiteries appelées fruitières (car elles traitent le fruit du travail). La zone géographique de son AOC est très précise et les villages producteurs de vacherin sont tous situés à plus de 700 m d'altitude.

Un délice d'hiver

Le vacherin du Haut-Doubs disparaît des étals au printemps et en été. (Il est de nos jours un des rares fromages saisonniers.) Sa fabrication débute le 15 août et se termine le 31 mars. Il subit un affinage assez court – au minimum de vingt et un jours. Les premiers vacherins arrivent donc dans les boutiques vers le 15 septembre et en disparaissent vers le 15 avril. En ce qui me concerne, je commence à les vendre après les premiers froids, car ils sont meilleurs à ce moment-là.

Le goût de l'épicéa

Au cours de sa fabrication, le vacherin du Haut-Doubs est d'abord cerclé d'une sangle d'épicéa pour le maintenir. Il est régulièrement lavé à l'eau salée et retourné. Il n'est placé dans la boîte avec laquelle il arrive sur l'étal du fromager qu'à la fin de son affinage. C'est le contact du fromage avec l'épicéa qui lui donne son goût tout à fait particulier.

Dégustation

Le vacherin du Haut-Doubs a du goût, mais sans excès, et il plaît à tout le monde. C'est un très bon fromage, coulant, crémeux, très parfumé. Sa croûte beige présente le plus souvent des reflets rosés.
À l'achat, la croûte d'un bon vacherin fait des vagues et elle est souple au toucher. Avant de le déguster, il faut en ôter le dessus avec la lame d'un couteau en suivant le tour du fromage. Servez-le ensuite avec une grande cuillère, comme une glace.
Le vacherin du Haut-Doubs est souvent proposé seul, avec raison. Comptez dans ce cas un fromage de taille moyenne pour six à huit personnes. Si vous êtes nombreux, je vous conseille d'acheter plusieurs petits vacherins plutôt qu'un grand. Vous pouvez également servir en fin de repas un plateau de fromages franc-comtois constitué de bleu de Gex, d'un morceau de comté et d'un vacherin.

LES PÂTES PRESSÉES non CUITES

Avec les pâtes pressées non cuites, nous pénétrons dans le domaine privilégié des fromages d'abbaye. On a pendant longtemps utilisé l'appellation *saint-paulin* pour désigner tous les fromages de cette famille, sans que cela repose sur une réalité précise. Le mot a ensuite regroupé les pâtes industrielles proches du port-salut. Aujourd'hui, ce terme générique a tendance à tomber en désuétude et il n'est plus appliqué qu'à une seule spécialité fromagère – de fabrication industrielle. Les gros fromages à pâte pressée, qui atteignent au moins 45 à 50 kg, prennent aussi le nom de meules (salers, cantal, laguiole…).

Les fromages à pâte pressée non cuite ont pour avantages de se conserver longtemps et de pouvoir être dégustés à différents stades de vieillissement. Leurs saveurs sont douces ou beaucoup plus marquées, selon le degré d'affinage. Ils sont très appréciés en cuisine, car ils se prêtent à de multiples préparations culinaires (soufflés, gratins, tartes).

Notons au passage que l'ossau-iraty des Pyrénées (fromage au lait de brebis) et nombre de fromages étrangers appartiennent à cette famille.

La fabrication

Le lait de vache utilisé pour fabriquer la plupart des pâtes pressées non cuites peut être cru ou pasteurisé, mais la technique de fabrication reste toujours la même. Le lait est d'abord chauffé à 36 °C, puis on le fait cailler rapidement à l'aide de présure. Le caillé est tranché en très petits morceaux et brassé. Il est versé dans de grandes toiles que l'on dépose dans des moules, avant d'être placé sous presse afin de procéder à un égouttage aussi rapide que possible.

Après cette première série d'opérations, on sort les pâtes qui ont pris leur forme dans les moules et les toiles. Si le salage n'a pas été effectué auparavant dans la masse, on plonge alors les fromages dans une saumure pendant quelques heures. Puis on les frotte de sel plusieurs fois, afin que celui-ci pénètre dans la pâte et consolide la croûte.

Les fromages sont ensuite placés dans des caves tièdes où ils commencent à mûrir. Enfin, ils subissent un affinage qui dure au minimum deux mois (souvent plus) dans des caves humides et fraîches, où ils développent leurs arômes et leurs saveurs. Au début, ils sont lavés, ou brossés, et retournés tous les jours ; puis les manipulations sont peu à peu espacées. On obtient ainsi des fromages qui se conservent beaucoup plus longtemps que les pâtes molles.

Les fromages d'abbaye

L'origine des pâtes pressées non cuites remonte au Moyen Âge, à l'époque où de nombreux monastères ont été fondés un peu partout en Europe. Les religieux élevaient des troupeaux de vaches, dont ils valorisaient le lait en fabriquant des fromages. Grâce à la technique de la pâte pressée, ils pouvaient conserver ceux-ci pendant longtemps et s'en nourrir tout au long de l'année.

Il existe de nos jours une association des fromages d'abbaye, qui est représentée lors des grandes manifestations fromagères. En France, ce sont les trappistes qui produisent ces fromages – parfois appelés *trappistes* pour cette raison. Les fromages d'abbaye ont tous des goûts assez proches les uns des autres, mais qui peuvent être aisément différenciés. Ils sont fabriqués avec du lait cru. En général, tous les moines de l'abbaye mettent la main à la pâte, que ce soit lors de la fabrication ou de la commercialisation.

Les monastères producteurs de fromages, comme celui de Tamié, sont soumis aux mêmes contraintes sanitaires que les entreprises artisanales ou industrielles. C'est d'ailleurs pour cette raison que plusieurs fromageries d'abbaye ont dû cesser leur production, n'ayant pu trouver les crédits nécessaires à la mise aux normes de leurs installations. Ainsi, la fromagerie de l'abbaye d'Entrammes a définitivement fermé ses portes dans les années 1980, faute de moyens suffisants pour moderniser ses locaux. Jadis, les moines de cette abbaye fabriquaient un fromage appelé port-salut, qu'ils avaient rebaptisé « entrammes » en 1959, après avoir cédé l'appellation aux Fermiers réunis, une entreprise industrielle. (Depuis cette date, le port-salut est un fromage exclusivement industriel.) Mais, dans l'incapacité de s'adapter aux dures contraintes économiques et de se conformer aux réglementations sanitaires de plus en plus draconiennes, la fromagerie d'Entrammes finit par disparaître.

Les tommes

Autre grande catégorie de fromages à pâte pressée non cuite, les tommes regroupent un peu tout et n'importe quoi. Certaines, fabriquées en Bretagne, sont commercialisées sous le simple nom de tommes. Elles n'ont évidemment pas grand-chose à voir avec la tomme de Savoie.

À l'origine, il s'agissait exclusivement de fromages de montagne, où les rudes conditions de vie imposaient une grande autonomie et une utilisation optimale de toutes les ressources. Ces petits fromages étaient fabriqués avec de faibles quantités de lait. Ils sont surtout typiques de la Savoie, où chaque vallée, ou presque, fabrique sa propre variété : tomme des Aravis, tome des Bauges, tomme de la Tarentaise…

Signalons pour finir qu'il existait aussi une tomme d'Auvergne, que les fermiers préparaient quand ils n'avaient pas assez de lait pour faire un gros saint-nectaire.

ANTOINETTE

Autres noms : échourgnac, timanoix

- **origine** / Dordogne et Bretagne
- **lait** / vache
- **matières grasses** / 27 %
- **meilleures saisons** / toute l'année
- **forme** / cylindre
- **dimensions** / 9 cm de diamètre, 4 cm de hauteur
- **poids** / 300 g
- **goût** / parfumé
- **texture** / souple

L'antoinette est fabriquée en Dordogne par les sœurs de l'abbaye d'Échourgnac. Élaborée dans la tradition des fromages trappistes, elle est affinée à la liqueur de noix. Devant le succès remporté par leur production et ne pouvant répondre à toutes les demandes, les sœurs ont donné leur recette aux frères de l'abbaye de Timadeuc, en Bretagne, qui le commercialisent sous le nom de timanoix.

Dégustation

Sur un plateau de fromages, je recommande d'associer l'antoinette à un comté et de les servir avec un vin jaune du Jura. Une dégustation savoureuse !

CANTAL

Autre nom : fourme de Cantal

- **AOC** 1956 / **AOP** 1996
- **origine** / Auvergne
- **lait** / vache
- **matières grasses** / 24 à 26 %
- **meilleures saisons** / toute l'année
- **forme** / meule (gros cylindre)
- **dimensions** / 40 cm de diamètre, 35 cm d'épaisseur
- **poids** / 45 kg
- **goût** / fruité, plus ou moins puissant selon l'âge
- **texture** / souple

Le cantal est, avec le roquefort, l'un des plus anciens fromages français. Il est aussi appelé *fourme de Cantal.* (Le mot « fourme » vient du latin *forma*, qui veut dire forme.) Au Ier siècle de notre ère, Pline l'Ancien le mentionnait déjà dans son *Histoire naturelle*. Cinq siècles plus tard, Grégoire de Tours y fait allusion dans *Histoire des Francs*. Et, au XVIIIe siècle, Diderot le citera dans son *Encyclopédie*.

Les amateurs et la croûte

Le cantal est un fromage de garde. Mais comme sa pâte pressée n'est pas cuite, il est assez fragile. Il perd facilement ses qualités s'il n'est pas conservé et transporté dans de bonnes

conditions. Quand il est débité, il faut en prendre soin, et lui éviter notamment un coup de chaleur.
Chaque fromage, qui pèse environ 45 kg, porte sur sa croûte une petite plaque d'aluminium indiquant par quelques lettres et chiffres le lieu où il a été fabriqué. Un bon cantal présente une croûte épaisse. D'ailleurs, les vrais amateurs « aiment beaucoup la croûte », selon leur expression. En fait, ils ne la mangent pas, bien sûr, mais ils rognent la pâte du fromage le plus près possible de celle-ci, un peu comme on rongerait un os. Pour eux, la meilleure partie du cantal se trouve là.

Auvergnat de souche
Les Auvergnats ont su appliquer leur sens des affaires dans le domaine des fromages. Ils disposent ainsi de cinq AOP fromagères : bleu d'Auvergne, cantal, fourme d'Ambert, saint-nectaire et salers. On remarquera que certains de ces fromages sont très proches… pour ne pas dire quasi identiques ! Ainsi, le salers ne se différencie du cantal que par ses dates de production : il peut être fabriqué uniquement entre le 1er mai et le 31 octobre, quand les vaches sont à l'herbe. Le cantal, lui, est fait pendant toute l'année. Il en résulte que certains cantals d'été, fabriqués quand les vaches pâturent dans les herbages, sont très proches du salers. (Quant au laguiole, c'est toujours le même fromage, mais fabriqué, lui, dans l'Aubrac !)
Pour être exhaustif, il faut préciser que le cantal peut être fermier (2 % de la production), laitier ou industriel. En outre, pour sa fabrication, on peut utiliser soit du lait cru (49 % de la production), soit du lait pasteurisé, qui peut être entier ou partiellement écrémé.

Une qualité variable
De cette mise au point, vous déduirez que la qualité des cantals est très variable. Malgré l'AOP, on trouve de nombreux cantals très ordinaires, qui ne présentent que peu d'intérêt pour un véritable amateur de fromages. Les cantals d'été fermiers sont les meilleurs, car, comme les salers, ils sont fabriqués avec du lait produit quand les vaches mangent l'herbe des pâturages.

Dégustation

Le cantal peut se déguster à différents stades de maturation. Avec la fourme de cantal fraîche, on cuisine l'aligot. « Jeune » ou « doux », il a une saveur douce et lactée ; son affinage a duré trente jours au minimum. Le cantal « entre-deux » est plus épanoui ; il a été affiné entre deux et six mois. Quant au cantal « vieux », affiné pendant plus de six mois, il présente une croûte d'autant plus épaisse que l'affinage a été long. À mon avis, les meilleurs sont les fromages d'été, très croûtés, qui ont gardé leur grain et leur parfum.

CÎTEAUX

Autres noms : abbaye de Cîteaux, trappiste de Cîteaux

- **origine** / Bourgogne
- **lait** / vache
- **matières grasses** / 25 %
- **meilleures saisons** / toute l'année
- **forme** / disque assez épais
- **dimensions** / 18 cm de diamètre, 3 à 4 cm d'épaisseur
- **poids** / 700 à 900 g
- **goût** / fruité
- **texture** / crémeuse

La fabrication du cîteaux n'a guère varié depuis presque un millénaire. Ce fromage doit son nom au monastère de Cîteaux, qui vit la fondation de l'ordre cistercien en 1098.

Dégustation

Le cîteaux est un très bon fromage d'abbaye. Fruité, il a un goût de terroir assez prononcé. Crémeux quand il est affiné, il est moins fort que le munster et plus fruité que le reblochon.

FROMAGE à RACLETTE

- **origine** / Jura, Savoie, Haut-Doubs
- **lait** / vache
- **matières grasses** / 30 %
- **meilleures saisons** / toute l'année
- **forme** / disque assez épais
- **dimensions** / 26 à 33 cm de diamètre, 6 à 7 cm d'épaisseur
- **poids** / 5 à 7 kg
- **goût** / doux à fruité
- **texture** / souple

Une précision, tout d'abord : le fromage à raclette n'est pas fait pour être mangé cru. Comme son nom l'indique, il est destiné à être raclé quand il est fondu, c'est-à-dire cuit.

Une spécialité récente

Il y a quelques dizaines d'années, on utilisait pour la raclette du bagnes, un fromage suisse qui se présente en meules de 4 kg. Je suppose que jadis, dans les campagnes suisses, n'importe quel fromage de pays faisait l'affaire. Essayez par exemple de préparer une raclette avec de l'appenzell : le fromage aura un goût très prononcé, qui plaira à de nombreux amateurs.

Un principe simple

Le principe de la raclette est simple. On place un demi-fromage dans un appareil, devant le feu d'une cheminée, un four ouvert ou un appareil à rayonnement infrarouge. Puis on racle le fromage en train de fondre au-dessus des assiettes. Il existe aussi dans le commerce des appareils permettant de faire fondre des portions individuelles dans de toutes petites poêles.

Dégustation

Mes clients me demandent souvent quelle est la « vraie » recette de la raclette. À l'origine, la garniture exclusive était constituée de pommes de terre en robe des champs assaisonnées de poivre, avec des cornichons et des oignons au vinaigre. On a ensuite ajouté de la viande des Grisons et il est vrai que l'association est plutôt réussie. Mais, aujourd'hui, l'accompagnement du fromage à raclette tourne parfois au délire – à mon avis, du moins. Qu'on en juge : outre les aliments précédents, on voit ajouter du saucisson, du jambon de Parme, du pâté de campagne et, même, des œufs de caille ! La raclette n'en demande pas tant ! Ce solide plat d'hiver est très bon quand il reste simple. Mais chacun ses goûts…

GAPERON

Autre nom : gapron

- **origine** / Auvergne
- **lait** / vache
- **matières grasses** / 30 %
- **meilleures saisons** / toute l'année
- **forme** / dôme
- **dimensions** / 8 cm de diamètre, 8 à 9 cm d'épaisseur
- **poids** / 300 g
- **goût** / d'ail et de poivre
- **texture** / granuleuse

Ce fromage à l'ail et au poivre est l'ancêtre du boursin. Sa fabrication est très ancienne, puisqu'il était jadis fabriqué avec le babeurre (appelé *gap* ou *gape* en patois auvergnat). Les fermiers d'autrefois pétrissaient des boules de fromage frais avec de l'ail, du poivre et du sel. Puis ils les mettaient à sécher sur de la paille de seigle tressée au-dessus de la cheminée, ce qui donnait aux fromages un goût de fumée. À cette époque, les jeunes hommes savaient que, plus il y avait de gaperons à sécher sur la cheminée, plus le parti était intéressant ; comme le fromage était fait avec le babeurre, cela voulait tout simplement dire que le fermier avait récolté beaucoup de lait et fabriqué beaucoup de beurre.

La fin des fromages maigres ?
Le gaperon maigre de jadis a pris de l'embonpoint : il s'est aujourd'hui transformé en un fromage à 30 % de matières grasses. Tous les fromages maigres d'antan, préparés avec ce qui restait du lait quand on avait pris la crème et fait le beurre, ont disparu. À l'heure où de plus en plus d'hommes et de femmes se mettent au régime, c'est bien dommage ! S'ils existaient encore, on pourrait consommer de merveilleux fromages sans dommage pour son taux de cholestérol ou sa ligne.

Dégustation

Le gaperon a une forme de dôme irrégulier, presque conique. Je conseille de le manger frais en été. L'hiver, choisissez-le plus affiné, car il développe alors plus de puissance. Le goût de poivre est souvent aussi net que celui de l'ail, il devient même parfois prédominant. Quant à la pâte, elle a une consistance légère, située entre le friable et le crémeux.

LAGUIOLE

On reconnaît ce fromage au taureau (ou à la tête de taureau) imprimé en rouge sur la croûte à côté du mot « Laguiole » (prononcer *layol*). Le rouge tend à disparaître au cours de la maturation, mais il reste toujours une plaque d'identification en aluminium placée dans la croûte qui permet de le reconnaître à coup sûr.

Sur la route de Saint-Jacques-de-Compostelle
Le laguiole est un fromage très ancien, qui dispute le titre de « plus vieux fromage de France » au cantal, au salers et au roquefort. Ce sont les moines d'une abbaye de l'Aubrac située sur le chemin de Saint-Jacques-de-Compostelle qui auraient été les premiers à le fabriquer.

- **AOC** 1961 / **AOP** 1996
- **origine** / Aubrac
- **lait** / vache
- **matières grasses** / 30 %
- **meilleures saisons** / été, automne, hiver
- **forme** / meule (gros cylindre)
- **dimensions** / 40 cm de diamètre, 40 cm de hauteur
- **poids** / 45 à 50 kg
- **goût** / fruité
- **texture** / lisse et soyeuse

Fondée en 1120, cette abbaye devait son existence au comte des Flandres, qui avait trouvé la région bien déserte quand il avait effectué lui-même le pèlerinage. Attaqué par des bandits à l'aller et pris dans une violente tempête au retour, il avait fait vœu de fonder un hôpital pour éviter aux pèlerins de connaître ce genre de mésaventure.
La tâche des moines hospitaliers était d'abriter, de protéger et de restaurer les pèlerins. Ils créèrent donc un fromage de garde qui répondait parfaitement à ce dernier objectif. Gageons que les voyageurs en route pour Saint-Jacques-de-Compostelle se régalaient déjà d'aligot. (Le véritable aligot est préparé avec du laguiole.) À l'époque, le fromage était fabriqué uniquement pendant les cinq mois que durait la belle saison, quand les vaches à l'herbage produisaient du lait en abondance.

De l'abbaye à la coopérative

Au moment de la Révolution, l'abbaye fut vendue comme bien national, les moines durent partir et la production de fromage s'arrêta. Les fermiers de la région reprirent la fabrication du laguiole – il doit son nom à la petite ville de l'Aveyron qui constituait son principal centre de commercialisation. Les fromages étaient fabriqués dans des chalets d'altitude, les burons. À la fin du XIXe siècle, on en comptait encore environ 300 en activité, employant plus de 1 200 bergers et buronniers. Aujourd'hui, deux ou trois fermiers tout au plus font encore du laguiole. La plupart des fromages sont fabriqués à la coopérative Jeune Montagne de Laguiole, créée en 1960. La production actuelle de laguiole a retrouvé son niveau de la fin du XIXe siècle.

Trois AOP pour un même fromage

Le laguiole, le cantal et le salers constituent un seul et même fromage. Ils possèdent chacun une AOP différente, mais leur fabrication est la même. Seules changent la zone géographique de l'appellation, les dates de production et la possibilité d'utiliser ou non du lait pasteurisé. Contrairement au salers, le laguiole est fabriqué toute l'année ; en revanche, comme le salers et à la différence du cantal, il doit exclusivement être préparé avec du lait cru.

Pour en finir avec la comparaison entre ces trois AOP très proches, sachez qu'il se fabrique beaucoup plus de cantal que de laguiole et de salers. Ainsi, pour l'année 2011, la production totale de cantal AOP a atteint 13 858 t, contre 715 t pour le laguiole AOP et 1 266 t pour le salers AOP.

Dégustation

Le laguiole a le même goût que le cantal. Son affinage doit durer au minimum quatre mois avant la commercialisation, mais le fromage est meilleur s'il est affiné plus longtemps (jusqu'à un an).

MIMOLETTE VIEILLIE FRANÇAISE

Autres noms : boule de Lille, mimolette de France

- **origine** / Nord
- **lait** / vache
- **matières grasses** / 28 %
- **meilleures saisons** / toute l'année
- **forme** / boule
- **dimensions** / 20 cm de diamètre, 18 cm d'épaisseur
- **poids** / 2,5 à 3,5 kg
- **goût** / fruité
- **texture** / cassante

La pâte de la mimolette est teintée à la poudre de rocou, qui lui donne sa belle couleur rouge orangé. Elle est assez dure, presque friable. Son goût parfumé est un peu fort.

Comme tous les fromages de garde, les meilleures mimolettes sont fabriquées avec le lait de printemps ou de regain, en septembre.

D'origine française ou hollandaise ?

Une petite dispute fromagère oppose la France aux Pays-Bas, les deux pays revendiquant la paternité de la mimolette. Personnellement, je pense que ce fromage est d'origine

hollandaise. En effet, à l'époque où la France de Louis XIV était en guerre contre la Hollande, entre 1672 et 1678, Colbert avait interdit l'importation de la mimolette hollandaise. Afin de compenser la disparition du fromage dans le Nord, il avait demandé aux fermiers de la région d'en fabriquer. Ce fait plaide en faveur d'une mimolette d'origine hollandaise, dont la fabrication fut ensuite adoptée par des fermiers du Nord.
De nos jours, la mimolette française est fabriquée dans plusieurs régions, telles la Meuse ou la Normandie, mais elle est toujours affinée traditionnellement dans les caves du Nord. Il existe aussi une mimolette fabriquée aux Pays-Bas et vieillie dans le nord de la France.

Indispensables cirons
La mimolette de France présente une croûte naturelle épaisse et parsemée de petits trous. Elle se différencie très nettement de la mimolette hollandaise, dont la croûte paraffinée est beaucoup plus fine.
Au cours de leur vieillissement, les boules de mimolette française sont brossées chaque semaine et triées afin de repérer les meilleures. Après trois ou quatre semaines d'affinage en cave, des cirons (animaux microscopiques de la famille des acariens) commencent à apparaître sur l'extérieur de la croûte, dont ils sc nourrissent. En faisant de minuscules trous, ils permettent au fromage de respirer et d'absorber l'humidité ambiante. Toutefois, ce type de vieillissement doit être surveillé attentivement si l'on veut éviter que les cirons creusent de véritables cratères à certains endroits seulement. Les brossages sont destinés à les répartir régulièrement sur la croûte.

Dégustation

Il existe plusieurs catégories de mimolette vieillie française. La mimolette « jeune », affinée pendant moins de six mois, présente une pâte tendre. « Demi-vieille », elle a subi un affinage de six à huit mois. « Vieille », elle est restée de dix à seize mois dans les caves. Enfin, la mimolette « extra-vieille » a été affinée pendant dix-huit à vingt-deux mois. C'est la meilleure, car, plus elle vieillit, plus la mimolette se parfume. Nous vendons dans notre boutique une excellente mimolette de plus de 24 mois. Attention à ne pas tomber

dans l'excès! Le fromage n'est pas du vin et une mimolette de 4 ans d'âge se montrera très vraisemblablement beaucoup plus décevante que goûteuse.
La mimolette vieillie française se déguste de multiples façons: en cubes à l'apéritif, en lamelles ou râpée dans une salade, à la fin d'un repas. Elle est aussi utilisée en cuisine. Une de mes clientes confectionne de délicieux gratins de courgettes à la mimolette vieillie.

MORBIER

- **AOC** 2000 / **AOP** 2002
- **origine** / Franche-Comté
- **lait** / vache
- **matières grasses** / 28 %
- **meilleures saisons** / fin du printemps, été, automne
- **forme** / disque assez épais
- **dimensions** / 30 à 40 cm de diamètre, 6 à 8 cm d'épaisseur
- **poids** / 6 à 7 kg
- **goût** / doux et fruité selon l'âge
- **texture** / lisse et tendre

Le morbier a la même origine géographique que le comté. Autrefois, quand il restait un peu de lait, mais en quantité insuffisante pour faire un grand fromage (c'est-à-dire un comté), les fermiers laissaient ce qui restait au fond de la cuve. Afin d'éviter que les insectes ne viennent se poser dessus, ils recouvraient le lait d'une fine pellicule de cendre prise sur les parois du chaudron. Le lendemain, ils versaient sur ce demi-fromage le reste de la traite suivante. Les fermiers réservaient le fromage obtenu à leur consommation personnelle.

Dégustation

De nos jours, la suie n'est plus celle du chaudron et elle a seulement un effet décoratif. Sous sa croûte marron clair, le morbier présente une pâte souple dont la saveur est plus ou moins douce ou fruitée selon le temps d'affinage. Bien sûr, vous privilégierez le morbier fermier. Le morbier industriel n'en est qu'une pâle copie.

MUROL

- **origine** / Auvergne
- **lait** / vache
- **matières grasses** / 28 %
- **meilleures saisons** / toute l'année
- **forme** / disque épais percé d'un trou en son centre
- **dimensions** / 12 cm de diamètre, 3,5 cm d'épaisseur, trou central de 2 cm de diamètre
- **poids** / 450 g
- **goût** / doux
- **texture** / tendre

Créé dans les années 1920-1930, le murol était à l'origine un saint-nectaire à la forme particulière. Son goût était plutôt doux. La partie évidée du murol était recouverte de paraffine rouge et commercialisée sous le nom de *trou du murol*.

Dégustation

Malheureusement, il n'existe plus de murol fermier. La production, devenue exclusivement industrielle, est réalisée avec du lait pasteurisé et le goût standardisé du murol en fait surtout un fromage pour le petit déjeuner ou le goûter, qui reste meilleur que les crèmes à tartiner.

PAVIN

- **origine** / Auvergne
- **lait** / vache
- **matières grasses** / 26 %
- **meilleures saisons** / toute l'année
- **forme** / disque assez épais
- **dimensions** / 13 cm de diamètre, 4 cm d'épaisseur
- **poids** / 500 g
- **goût** / doux
- **texture** / tendre

Le pavin doit son nom à un lac situé près de Besse-et-Saint-Anastaise, dans le Puy-de-Dôme. Si vous passez dans la région, allez voir ce superbe plan d'eau niché dans un ancien cratère volcanique. On y pêche l'omble chevalier.

Dégustation

Fabriqué en laiterie, le pavin prend un peu de saveur au cours de l'affinage, pour atteindre un goût final proche de celui du murol. Il se laisse facilement manger le matin ou au goûter, par les enfants et même par les plus grands.

REBLOCHON

Autre nom : reblochon de Savoie

- **AOC** 1958 / **AOP** 1996
- **origine** / Haute-Savoie
- **lait** / vache
- **matières grasses** / 27 %
- **meilleures saisons** / été, automne, début de l'hiver
- **forme** / disque assez épais
- **dimensions** / 14 cm de diamètre, 3,5 cm d'épaisseur
- **poids** / 450 à 550 g
- **goût** / très fin, subtil
- **texture** / onctueuse, voire crémeuse

Le nom reblochon provient de deux mots du patois savoyard : *reblocher*, qui signifie « traire une seconde fois », et *rablassa*, qui veut dire « marauder ». En effet, autrefois, dans le massif des Aravis, la redevance que les métayers devaient payer à leur propriétaire était fixée proportionnellement à la quantité de lait recueillie. La production laitière était évaluée à partir du nombre de fromages produits. Afin de minimiser leur fermage, les fermiers ne trayaient pas totalement leurs vaches pour confectionner les gros fromages qu'ils vendaient ensuite dans la vallée. Avec le lait gras et crémeux qui restait dans les pis, ils fabriquaient clandestinement un petit fromage destiné à leur consommation personnelle : le reblochon.

Le « fromage de dévotion »

Ce fromage produit en fraude existe probablement depuis très longtemps. Mais on comprend qu'il n'ait guère fait parler de lui avant le XVIIIe siècle. Son surnom de « fromage de dévotion » date de cette époque. Les Savoyards prirent alors l'habitude d'offrir des reblochons aux moines chartreux lorsqu'ils venaient chaque année bénir leurs chalets et leurs alpages.

Dégustation

Fabriqué au lait cru, le reblochon a un goût agréable, subtil et moelleux. Certains amateurs y décèlent une saveur de noisette. Comme toujours, privilégiez les fromages fermiers, à la saveur plus caractéristique ; ils représentent un peu plus de 20 % de la production totale. On les reconnaît à leur plaque de caséine verte, posée sur le fromage quand il est frais et qui s'enfonce ensuite dans la croûte.

SAINT-NECTAIRE

Le saint-nectaire est un fromage très ancien. C'est le maréchal de France Henri de La Ferté-Senneterre qui lui aurait donné son nom, par déformation de son patronyme. Le maréchal le présenta à la table de Louis XIV, qui l'apprécia, lui donnant ainsi ses lettres de noblesse. L'ancienne profession d'affineur de saint-nectaire existe toujours. Ces professionnels collectent les fromages frais de deux ou trois jours, puis les affinent dans d'immenses caves.

Critères de reconnaissance

Il existe un saint-nectaire fermier, fabriqué exclusivement avec du lait cru, et un saint-nectaire industriel, souvent fait avec du lait pasteurisé. Tous deux bénéficient de l'AOP et tous deux sont marqués avec une plaque de caséine verte. Mais, alors que celle des fromages fermiers est en forme d'ellipse, portant les mots « saint-nectaire fermier », celle des fromages industriels est rectangulaire, avec la mention « saint-nectaire laitier ».

- **AOC** 1955 / **AOP** 1996
- **origine** / Auvergne
- **lait** / vache
- **matières grasses** / 28 %
- **meilleures saisons** / fin du printemps, été, automne, début de l'hiver
- **forme** / disque assez épais
- **dimensions** / 20 cm de diamètre, 4 cm d'épaisseur
- **poids** / 1,7 kg
- **goût** / fruité
- **texture** / onctueuse

Dégustation

Comme toujours, les fromages fermiers ont une saveur nettement plus intéressante. Ils représentent environ 45 % de la production totale. La pâte molle du saint-nectaire fermier est fruitée et sa saveur de terroir caractéristique sent la paille. Il se consomme à deux stades d'affinage : soit très crémeux, soit sec. Dans ce dernier cas, il rappelle un peu la tomme de Savoie. Le saint-nectaire se déguste au petit déjeuner aussi bien qu'à la fin d'un repas. Il se transforme volontiers en fromage unique. Il se conserve bien et son prix est assez avantageux : une bonne pâte de fromage, en somme !

SAINT-SULPICE

- **origine** / Mayenne
- **lait** / vache
- **matières grasses** / 29 %
- **meilleures saisons** / toute l'année
- **forme** / cylindre
- **dimensions** / 8,5 cm de diamètre, 4,5 cm de hauteur
- **poids** / 280 g
- **goût** / doux
- **texture** / souple

Le saint-sulpice est une pâte pressée discrète, à la saveur douce capable de séduire les palais les plus rétifs au fromage. Coupé en morceaux, il s'associe sans heurt aux salades ou peut être servi à l'apéritif. Il convient parfaitement aux enfants et aux adolescents.

Dégustation

Facile à manger avec un morceau de pain, le saint-sulpice est idéal pour combler les petites faims, en promenade ou pour le goûter. Je conseille aussi de le déguster les lendemains de fête, lorsque le palais et l'organisme ont besoin d'une petite pause.

SALERS

- **AOC** 1961 / **AOP** 1996
- **origine** / Auvergne
- **lait** / vache
- **matières grasses** / 28 %
- **meilleures saisons** / toute l'année (selon l'affinage)
- **forme** / meule (gros cylindre)
- **dimensions** / 38 à 48 cm de diamètre, 30 à 40 cm d'épaisseur
- **poids** / 35 à 55 kg
- **goût** / fruité
- **texture** / souple

Le salers est identifié par une plaque d'aluminium rouge enserrée dans sa croûte. Il doit son nom à Salers, un pittoresque petit village du Cantal ayant conservé son vieux bourg avec des maisons du XVe siècle. Il ne peut être fait qu'avec du lait de vaches de la race salers ; elles se reconnaissent à leur couleur rousse et à leurs impressionnantes cornes en forme de lyre.
La totalité de la production de salers est fermière. L'affinage dure de trois mois à un an. Au fil du temps, la croûte s'épaissit, les arômes se développent, le goût du fromage s'affirme et devient de plus en plus fruité.

Dégustation

Délicieux et parfumé, le salers n'est fabriqué que du 1er mai au 31 octobre, avec le lait cru des vaches qui sont à l'herbe dans les prés d'altitude. Imaginez ces braves bêtes dans les pâturages des anciens volcans d'Auvergne, en train de brouter des herbes odorantes, des plantes et des fleurs parfumées, de la réglisse, des gentianes, des myrtilles... et vous saurez pourquoi ce fromage est si bon! La truffade, spécialité gastronomique auvergnate, est réalisée indifféremment avec du salers ou du cantal.

En fait, je l'ai déjà dit, le salers est le même fromage que le cantal et le laguiole, et je vous défie de reconnaître lors d'une dégustation à l'aveugle un salers d'un bon cantal d'été (voir pp. 104 et 110). De même, l'origine du salers se confond avec celle du cantal, l'un des plus vieux fromages français.

TAMIÉ

Autres noms : abbaye de Tamié, trappiste de Tamié

Les moines trappistes de Tamié produisent du fromage depuis 1132, date de la création de leur abbaye. Au début, ils fabriquaient plutôt un fromage à pâte pressée cuite ressemblant à du gruyère, qui présentait l'avantage de se conserver longtemps. Puis, au fil des siècles, leur production s'est rapprochée de celle des autres abbayes, et le tamié est aujourd'hui une pâte pressée non cuite au goût assez neutre.

Un paysage superbe

Le fromage de Tamié n'est peut-être pas divin, mais le site de l'abbaye, lui, est sublime, perdu dans la montagne au-dessus du lac d'Annecy. L'abbaye se situe au seuil de Tamié, un col qui relie la Tarentaise à la combe de Savoie et au massif des Bauges. Elle a été reconstruite au XVIIe siècle.
La communauté fut dispersée au moment de la Révolution française. Après soixante-dix ans d'interruption, des cisterciens

- **origine** / Savoie
- **lait** / vache
- **matières grasses** / 23 %
- **meilleures saisons** / été, automne
- **forme** / disque épais
- **dimensions** / grand tamié : 18 cm de diamètre, 4 à 5 cm d'épaisseur ; petit tamié : 13 cm de diamètre, 4 cm d'épaisseur
- **poids** / 1,2 kg pour le grand tamié ; 600 g pour le petit
- **goût** / doux
- **texture** / tendre à crémeuse

s'y installèrent de nouveau en 1861. Les moines accueillent aujourd'hui tous ceux qui veulent faire une retraite, même courte. L'endroit est superbe et l'on peut y dormir… Alors si vous voulez tenter l'expérience, demandez le frère Patrice et confiez-lui que vous venez de ma part !

Dégustation

Emballé dans un papier bleu azur frappé d'une croix de Malte blanche, le tamié est un fromage à l'image des moines, d'une saveur modérée. Il rappelle le reblochon, mais sa pâte est nettement moins souple, plus rustique. Son goût de lait est assez prononcé, et il n'est pas rare qu'il exhale une odeur d'étable.
Le tamié ne coule pas et il convient parfaitement pour les pique-niques. On peut aussi le manger à la fin d'un repas ou le déguster pour combler un petit creux.

TOMME de SAVOIE

Autres noms : tomme, tome

- **origine** / Savoie
- **lait** / vache
- **matières grasses** / 32 %
- **meilleures saisons** / fin de l'été, automne, hiver
- **forme** / disque épais
- **dimensions** / 18 cm de diamètre, 5 à 8 cm d'épaisseur
- **poids** / 1,5 à 3 kg
- **goût** / doux à fruité selon l'âge
- **texture** / ferme

La tomme de Savoie est un fromage qui bénéficie d'une IGP (indication géographique protégée label régional « Savoie »).

Autant de tommes que de vallées

Le mot « tomme » est un terme générique qui désigne de nombreux fromages à pâte molle ou pressée non cuite. En Savoie, il existe autant de tommes, et donc de saveurs différentes, que de vallées. Traditionnellement, ces fromages étaient fabriqués quand il ne restait plus assez de lait pour faire un beaufort. Ils étaient plus ou moins maigres, selon que les fermiers avaient pris plus ou moins de crème. On trouve encore de nos jours des tommes maigres.

Dégustation

La tomme de Savoie est facile à manger, avec ou sans pain, à la fin d'un repas ou pour combler un petit creux en milieu de journée. Les Savoyards mettent volontiers quelques morceaux de tomme dans leur soupe. Son goût fruité la fait apprécier de tous. Plus l'affinage est poussé, plus elle prend de saveur et plus la croûte s'épaissit.

TOME des BAUGES

- **AOC** 2002 / **AOP** 2007
- **origine** / massif des Bauges (Savoie, Haute-Savoie)
- **lait** / vache
- **matières grasses** / 30 %
- **meilleures saisons** / été, automne, hiver
- **forme** / disque épais
- **dimensions** / 18 à 20 cm de diamètre, 3 à 5 cm d'épaisseur
- **poids** / 1,1 à 1,4 kg
- **goût** / doux à fruité
- **texture** / ferme

Contrairement aux autres tommes, la tome des Bauges s'écrit avec un seul *m*, car son nom provient du patois *toma* qui signifie « fromage fabriqué en alpage ». Elle ne peut pas être commercialisée avant au moins 5 semaines d'affinage ; le cahier des charges de l'AOC et de l'AOP est très strict. Les tomes laitières portent une plaque de caséine rouge, alors que les fermières sont marquées d'une plaque verte.

Dégustation

Comme les autres tommes, la tome des Bauges est appréciée de tous et se déguste en toute occasion.

Les PÂTES PRESSÉES CUITES

Emmental, comté, beaufort : de tradition montagnarde, les fromages à pâte pressée cuite se présentent sous la forme de meules très grandes et très lourdes. On les appelle aussi « pâtes dures » ou « fromages de garde ». Leur mode de fabrication permettait aux bergers de jadis, qui passaient l'été dans les pâturages d'altitude avec leur troupeau, de faire des fromages se conservant suffisamment longtemps pour attendre d'être redescendus dans la vallée à l'issue de la transhumance.

Les fromages à pâte pressée cuite sont préparés avec du lait de vache utilisé soit cru, soit pasteurisé. Dans tous les cas, le lait est légèrement chauffé (32-34 °C) avant d'être mis à coaguler soit avec de la présure, soit avec un mélange de présure et d'« aisy », un ferment lactique. Le caillage doit être rapide et ne pas excéder 30 à 35 min. Le caillé est alors longuement brassé avec une sorte de grille métallique appelée « tranche-caillé », jusqu'à ce qu'il soit réduit en petits morceaux de la taille d'un grain de blé.

La cuisson du fromage débute à ce moment-là. On laisse le caillé grumeleux dans la cuve où il a été brassé et on élève progressivement la température jusqu'à plus de 50 °C. Le chauffage permet d'obtenir une déshydratation beaucoup plus poussée de la pâte. On recueille ensuite le caillé dans une grande toile et on procède à un premier égouttage. Puis

le caillé est déposé (à l'aide d'un palan pour les plus gros fromages) dans un moule à éclisse placé sous une presse mécanique, qui entre en action pendant plusieurs heures pour égoutter le plus possible la pâte par pression.
Le fromage est alors salé par trempages successifs dans un bain de saumure, durant une semaine environ. Il est ensuite frotté à plusieurs reprises avec du sel, pour obtenir une répartition parfaite dans la pâte et durcir la croûte.
Les meules sont transportées dans des caves de maturation tempérées, où les ferments contenus dans la pâte agissent en libérant du gaz carbonique, qui crée les yeux (ou trous) caractéristiques de ces pâtes. Le fromager contrôle le développement et la taille des trous (différente d'un fromage à un autre) en agissant sur la température ambiante de la cave et sur le temps de maturation. Dès que les fromages ont atteint la maturité voulue, ils sont transportés dans des caves de vieillissement beaucoup plus fraîches. Ils y restent au minimum de trois à six mois ; ils sont en permanence surveillés et subissent de nombreuses manipulations (lavages, brossages, frottages). Il faut souvent un an à ces fromages à maturation lente pour atteindre le développement optimal de leur pâte et développer un goût fruité. Quand ils sont suffisamment affinés, ils sont vendus aux grossistes et aux commerçants.
Les pâtes pressées cuites se conservent très longtemps. Mais elles exigent d'importantes quantités de lait pour leur fabrication : il faut en moyenne 100 l de lait pour faire un fromage à pâte pressée cuite de 10 kg. Le goût des fromages à pâte dure varie de doux à fruité, en fonction de la durée d'affinage (et aussi, bien sûr, de la qualité du lait). Consommés pour eux-mêmes, mais aussi utilisés dans de très nombreuses préparations culinaires, ils représentent environ 20 % du tonnage annuel de la production de fromages en France.
Mis à part les AOP, dont les aires de fabrication sont bien délimitées, les pâtes pressées cuites – et notamment l'emmental – peuvent être produites par des laiteries industrielles n'importe où en France. Ainsi, il existe des emmentals fabriqués en Bretagne ou en Normandie ; faits avec du lait pasteurisé et affinés durant un laps de temps minimal, ils développent une saveur neutre et n'ont d'autre intérêt que nutritif.

ABONDANCE

Autre nom : tomme d'Abondance

- **AOC** 1990 / **AOP** 1996
- **origine** / Haute-Savoie
- **lait** / vache
- **matières grasses** / 32 %
- **meilleures saisons** / toute l'année (selon affinage)
- **forme** / petite meule
- **dimensions** / 38 à 43 cm de diamètre, 7 à 8 cm d'épaisseur
- **poids** / 7 à 12 kg
- **goût** / doux à parfumé
- **texture** / ferme et lisse

À la fin des années 1970, l'abondance a connu un très fort déclin – ce fromage a même failli disparaître. Mais il a réussi à obtenir une AOC en 1990 et, depuis, sa production progresse régulièrement.

Une AOC rigoureuse

L'abondance appartient à la famille des pâtes pressées et il ressemble à un petit beaufort. C'est un fromage de garde. L'AOP impose un cahier des charges très précis, qui garantit la qualité du fromage. À l'origine, certains producteurs souhaitaient restreindre la zone d'appellation à la seule vallée d'Abondance ; mais ils n'ont pas obtenu gain de cause et celle-ci englobe tous les massifs montagneux de Haute-Savoie.

L'abondance est obligatoirement fabriqué avec du lait cru, et les vaches ne doivent pas être nourries avec de l'ensilage. (Ce fourrage composé d'herbe fermentée conservée en silos ou en tas pressés donne un lait sans saveur et sans parfum et une légère amertume au fromage.) L'abondance fermier représente environ 35 % de la production totale ; on le reconnaît à la plaque de caséine bleue de forme ovale incrustée dans sa croûte. Le reste de la production est de fabrication laitière ou industrielle : dans ce cas, la plaque de caséine, toujours bleue, est de forme carrée.

Dégustation

L'abondance présente un talon légèrement concave qui rappelle la façon dont on le transportait jadis : il était sanglé et porté à dos d'homme. Les meilleurs fromages sont fermiers et fabriqués en été, car l'herbe des pâturages offre de meilleures saveurs que le foin dont sont nourries les vaches tout au long de l'hiver.
On peut utiliser l'abondance en cuisine, comme toutes les pâtes cuites. Coupé en lamelles, il agrémente les salades composées.

BEAUFORT

Autre nom : gruyère de Beaufort

Ce très ancien fromage avait été baptisé « prince des gruyères » par le gastronome Brillat-Savarin. Fabriqué en Savoie et en Haute-Savoie, le beaufort est un fromage de garde, dont l'origine historique est liée aux grandes difficultés de communication qui caractérisaient jadis les régions montagneuses durant l'hiver.
De la famille des pâtes pressées cuites, c'est un fromage fermé (on dit aveugle), sans aucun trou, car il est affiné dans des caves fraîches et humides. En revanche, il présente parfois des lénures, c'est-à-dire de petites fissures horizontales. Il porte une plaque de caséine bleue sur la croûte.

- **AOC** 1968 / **AOP** 2011
- **origine** / Savoie et Haute-Savoie
- **lait** / vache
- **matières grasses** / 32 %
- **meilleures saisons** / toute l'année
- **forme** / grosse meule à talon concave
- **dimensions** / 35 à 75 cm de diamètre, 11 à 16 cm d'épaisseur
- **poids** / 20 à 70 kg (poids moyen : 45 kg)
- **goût** / plus ou moins fruité, selon l'âge
- **texture** / lisse, ferme, très fine

Un fromage d'altitude

L'AOP impose au beaufort de n'utiliser que du lait provenant de vaches de la race tarine. Le fromage doit par ailleurs être fabriqué à une altitude supérieure à 800 m.

Il existe un *beaufort chalet d'alpage*, qui est fait en été à au moins 1 500 m d'altitude ; il offre des goûts beaucoup plus aromatiques que les autres beauforts, car les vaches broutent l'herbe de pâturages particulièrement parfumés.

Le *beaufort d'été*, lui, est un fromage laitier dont la production est limitée de juin à fin octobre ; le lait peut provenir de plusieurs troupeaux – ce qui n'est pas le cas du beaufort chalet d'alpage.

Les fromages fermiers ne représentent que 10 % de la production totale de beaufort. Une part importante de la production est assurée par la coopérative de Beaufort.

Dégustation

Le beaufort ne peut pas être commercialisé à moins de quatre mois d'affinage. Je vous conseille de choisir des fromages plus âgés, ayant été affinés pendant au moins dix mois.
Quant à son utilisation, elle est la même que celle de toutes les pâtes cuites : en cubes à l'apéritif, en lamelles dans les salades, en fondue, dans la cuisine, sur un plateau...

COMTÉ

Autre nom : gruyère de comté

- **AOC** 1952 / **AOP** 1996
- **origine** / Franche-Comté
- **lait** / vache
- **matières grasses** / 33,5 %
- **meilleures saisons** / fin de l'été, automne, hiver
- **forme** / meule
- **dimensions** / 40 à 70 cm de diamètre, 9 à 13 cm d'épaisseur
- **poids** / 35 à 55 kg
- **goût** / fruité
- **texture** / ferme

Le comté dispose d'une AOC depuis de nombreuses années. Mais l'AOC « comté » présente une particularité étonnante : elle est à deux vitesses ! Un comité se réunit régulièrement pour goûter les fromages et il délivre son appréciation. Les meilleurs comtés auront le droit de porter la mention verte « comté extra » sur leur talon. Le second choix, de qualité inférieure, devra se contenter d'un marquage marron. Il y a donc comté et comté !
Il est vrai que ce fromage se trouve partout et que cette AOP est, de loin, la plus importante par sa production. (En 2011, 48 771 t de comté ont été produites, alors que le roquefort, le reblochon et le cantal dépassaient à peine 16 000 t chacun ; le beaufort, lui, n'atteignait qu'un peu plus de 4 900 t.) Passé les quatre mois d'affinage minimal requis, le comté est commercialisé sous d'innombrables formes, préemballé dans un sachet plastique, sans croûte…

Affiné dans les fruitières

Le comté est un fromage de garde connu depuis le Moyen Âge. Très gros, il nécessite une énorme quantité de lait pour sa fabrication. Aujourd'hui encore, il est fabriqué et affiné dans des fruitières, les descendantes des « fructeries » des XIIe et XIIIe siècles. Le principe n'a pas changé : chaque fermier donne matin et soir le lait de ses quelques vaches à la laiterie, où toutes les traites sont rassemblées et aussitôt transformées par un fromager. Quelques mois plus tard, quand les comtés sont affinés, la laiterie redonne aux fermiers le fruit de leur travail, sous forme de fromages ou d'argent, d'où le nom de fruitière.

Ni trop jeune ni trop vieux

Nous travaillons avec les mêmes affineurs depuis quarante-cinq ans et nous allons choisir nos comtés en Franche-Comté chaque année. Bien sûr, il faut privilégier les fromages fabriqués quand les vaches sont à l'herbe dans les pâturages.
Les meilleurs comtés ont au moins un an d'affinage. (La date de fabrication est indiquée sur la croûte.) Plus le comté vieillit et plus il progresse en goût. À la longue, la pâte finit par se cristalliser. La mode est aujourd'hui aux très vieux fromages, affinés pendant trois, voire quatre ans. Pour ma part, j'estime que deux ans constituent un maximum. Passé

un certain stade de vieillissement, le comté devient un autre fromage.
Nous choisissons toujours des comtés fermés, c'est-à-dire sans trous. (La législation de l'AOP tolère des yeux de la grosseur d'un petit pois.) Certains comtés présentent une lénure (une fissure horizontale dans la pâte) : ils sont alors plus gras, et on dit que c'est un défaut de la qualité.

Le gruyère des officiers gruyers
Enfin, savez-vous pourquoi on parle parfois de « gruyère de comté » ? À cause des officiers gruyers, qui collectaient les impôts et géraient les forêts au Moyen Âge ! Les fermiers et les fromagers devaient en effet rassembler du bois en abondance pour chauffer les grandes quantités de lait nécessaires à la fabrication du comté. Ils traitaient alors avec ces officiers gruyers, qui ont donné son surnom au fromage.

Dégustation

Comme pour le vin, on parle pour le comté de crus, selon la fromagerie où il est fabriqué, le lait utilisé, etc. Le goût varie d'un cru à l'autre. Un bon comté est un fromage très parfumé, qui devient de plus en plus puissant en vieillissant. Je vous déconseille le comté jeune, qui n'a que peu d'intérêt gastronomique. Quand le fromage dépasse 3 ans, la pâte se cristallise et on le déguste comme un bonbon.
Je vous recommande une association sublime : comté et vin jaune du Jura. Un grand mariage !

EMMENTAL FRANÇAIS

L'emmental français n'a ni AOC ni AOP, c'est sans doute pourquoi on l'appelle si souvent « gruyère », un terme à la définition floue qui désigne aussi bien des pâtes pressées cuites présentant des trous que le fribourg, un

fromage suisse sans trous. Toutefois, en 1981, les producteurs d'emmental ont signé un accord interprofessionnel définissant un label rouge « emmental grand cru ».
Les fromages portant ce label et provenant de Savoie ou de Franche-Comté sont meilleurs. Il faut en effet savoir qu'en l'absence de toute précision l'emmental peut être fabriqué aussi bien en Savoie qu'en Bretagne ou dans les Charentes. Il en résulte des fromages industriels certes nourrissants, mais sans intérêt gastronomique. De plus, cette production de masse inonde les étals d'emmentals bon marché, risquant de nuire aux producteurs des fruitières de montagne, qui respectent des modes de fabrication plus traditionnels et traitent un lait aux meilleures qualités gustatives pour obtenir un fromage de qualité, forcément plus onéreux.

De la Suisse à la France
L'emmental existe au moins depuis le XIIIe siècle en Suisse. Comme tous les gros fromages, il était autrefois fabriqué avant tout dans le but de valoriser le lait, de le conserver et d'utiliser les surplus obtenus durant la période de l'année où les vaches ont la plus forte production laitière. (Une meule de 80 kg représente en effet la conservation et la valorisation de 800 l de lait !) Et, comme tous les fromages de garde, il permettait aux montagnards de faire face aux difficultés d'approvisionnement engendrées par les rudes conditions climatiques hivernales.
La fabrication de l'emmental n'a débuté en France qu'au milieu du XIXe siècle, à l'initiative de Suisses qui avaient passé la frontière et s'étaient installés en Savoie. Chaque fromage est marqué avec de la caséine rouge.

Le secret des beaux yeux
Contrairement à d'autres pâtes pressées cuites, l'emmental a des trous. Au début de leur fabrication, les meules sont placées dans des caves un peu fraîches. Quarante-cinq jours plus tard, elles sont transférées dans des caves plus chaudes, à 20-25 °C. Un phénomène de fermentation interne se crée alors.
Sous l'effet de la chaleur, des bactéries propioniques libèrent à l'intérieur de la pâte du gaz carbonique ; retenu par la croûte, celui-ci forme des yeux – les trous caractéristiques de l'emmental. Quand on estime qu'il y en a assez, on replace les fromages

dans des caves froides afin de stopper la fermentation.
Un bon emmental présente des yeux de la dimension d'une prune, entre la mirabelle et la reine-claude. Certains fromages ont pour défaut d'avoir d'innombrables petits trous très serrés : on les appelle des « mille trous ».

- **origine** / Savoie, Franche-Comté
- **lait** / vache
- **matières grasses** / 32 %
- **meilleures saisons** / toute l'année
- **forme** / meule
- **dimensions** / 70 cm à 1 m de diamètre, 13 à 25 cm d'épaisseur
- **poids** / 60 à 120 kg
- **goût** / doux
- **texture** / souple

Dégustation

Un bon emmental a du goût, même s'il est classé dans la catégorie des fromages doux. Très nourrissant, il est par excellence le fromage du goûter pour les enfants, de la pause de 10 heures, des sandwiches. Il est le champion de la fondue, des soufflés et des gratins : comme toujours en cuisine, plus vous le choisirez goûteux et plus le plat cuisiné sera réussi.
À l'achat, préférez un emmental ayant bénéficié de huit à dix mois d'affinage.

Les PÂTES PERSILLÉES

Pourquoi les fromages à pâte molle et à moisissures internes, comme le bleu d'Auvergne, le bleu de Gex ou le roquefort, ont-ils été qualifiés de «persillés»? Tout simplement, je crois, à cause de la forme de persil que présente le bleu dans la pâte tranchée. Quand ils sont fabriqués avec du lait de vache, ils sont également appelés *bleus*, car la couleur des moisissures oscille entre le bleu, le bleu-vert et le bleu-gris.
Les pâtes persillées appartiennent à l'une des plus anciennes familles de fromages. Leur qualité se reconnaît à la densité et à la régularité de la répartition des veinures bleutées dans la pâte, laquelle doit être lisse et de couleur jaune clair.
La plupart des fromages à pâte persillée sont fabriqués avec du lait de vache. Mais le plus célèbre et le plus ancien d'entre eux, le roquefort, est fait à partir de lait de brebis. Le lait est utilisé cru ou pasteurisé, selon le fromage. Il est chauffé à 32 °C, puis coagulé à l'aide de ferments lactiques. On laisse ensuite le caillé s'égoutter naturellement, sans le malaxer ni le diviser. Après égouttage, il est émietté, puis placé dans un moule généralement de forme cylindrique, et enfin salé. Le plus souvent, les spores de *Penicillium roqueforti* sont incorporés à la pâte à ce moment-là. On utilise pour cela de longues aiguilles d'acier, ce qui permet de créer de fines galeries assurant une circulation d'air. Les moisissures se développeront ensuite le long de ces veines, qu'elles gainent de bleu. Après une première maturation dans un hâloir, les fromages sont affinés dans des caves fraîches et très humides. On stoppe la prolifération des moisissures bleues en enveloppant les fromages dans une feuille d'étain. L'affinage dure au minimum de 4 à 6 mois. Il permet à la pâte de devenir onctueuse et de développer tous les arômes et toutes les saveurs contenus dans le lait. On obtient alors des fromages au goût souvent prononcé, qui deviennent de plus en plus puissants au fur et à mesure que l'affinage se prolonge.

BLEU d'AUVERGNE

- **AOC** 1975 / **AOP** 1996
- **origine** / Auvergne
- **lait** / vache
- **matières grasses** / 28 %
- **meilleures saisons** / automne, hiver, début du printemps
- **forme** / cylindre
- **dimensions** / 20 cm de diamètre, 8 à 10 cm d'épaisseur
- **poids** / 2,5 kg
- **goût** / fruité à corsé, selon l'affinage
- **texture** / onctueuse

Les Auvergnats ont presque autant d'AOP que de fromages – et même une de plus avec le salers ! Le bleu d'Auvergne, une pâte persillée fabriquée avec du lait de vache, en fait partie.

Précieux *Penicillium roqueforti*

Ce fromage fut inventé par Antoine Roussel, un fermier de Laqueuille qui fabriquait des tommes blanches proches du cantal. Il avait observé du pain de seigle en train de moisir. Pensant au roquefort, il eut l'idée de saupoudrer de la moisissure de pain de seigle sur ses fromages en cours de fabrication. (En fait, cette moisissure est du *Penicillium roqueforti*.) On était en 1845 et le bleu d'Auvergne venait de voir le jour.

Depuis, la technique a été parfaitement mise au point. On ensemence les fromages et on les pique avec des aiguilles d'acier pour les aérer et permettre au bleu de progresser. Deux mois plus tard, le développement du bleu est stoppé en posant un papier d'étain sur le fromage et l'affinage se poursuit ainsi. Hélas, il n'existe plus de bleu d'Auvergne fermier et il reste seulement deux producteurs au lait cru.

Dégustation

À l'achat, il faut choisir des fromages ayant subi au moins six mois d'affinage. Les moisissures doivent être réparties régulièrement dans la pâte.

Fabriqué avec du lait de vache, le bleu d'Auvergne est un peu moins puissant que le roquefort, mais il se révèle plus onctueux. Quand il est bien fait, ce délicieux fromage présente un bon équilibre entre la douceur de sa pâte crémeuse et la force de son goût persillé.

Le bleu d'Auvergne s'épanouira sur un plateau de fromages auvergnats. Quant aux restes, ils sont faciles à utiliser, mêlés à une sauce de salade ou en soufflé.

BLEU de GEX-HAUT-JURA

Autres noms : bleu du Haut-Jura

Le bleu de Gex se présente sous la forme d'un disque épais, avec une croûte marron clair assez dure, obtenue par des brossages réguliers en cours d'affinage. Sur la surface plane du dessus, le mot *Gex* se détache, moulé en creux. Le talon du fromage est bombé.

Au XIIIe siècle, les moines de l'abbaye de Saint-Claude fabriquaient déjà cette pâte persillée. Le gex était le fromage préféré de Charles Quint, alors maître de la région. Ce bleu est une des plus anciennes AOC.

- **AOC** 1935 / **AOP** 2011
- **origine** / Haut-Jura
- **lait** / vache
- **matières grasses** / 28 %
- **meilleures saisons** / été, automne, début de l'hiver
- **forme** / petite meule
- **dimensions** / 34 cm de diamètre, 8 à 10 cm d'épaisseur
- **poids** / 7 à 8 kg
- **goût** / doux
- **texture** / assez compacte

Dégustation

Le bleu de Gex est un fromage assez particulier, nettement différent du bleu d'Auvergne, du bleu des Causses ou du roquefort. Sa pâte de couleur ivoire est plus ferme, plus compacte que celle des autres bleus. Légèrement veiné d'un joli bleu tirant vers le gris, le bleu de Gex est pourtant lui aussi ensemencé avec du *Penicillium roqueforti*. Mais il est assez peu piqué et on ne laisse pas la moisissure se développer trop longtemps.
Ce bleu est fabriqué uniquement avec du lait cru, ce qui garantit sa saveur. Son goût est doux, assez peu corsé. Les meilleurs fromages sont fabriqués l'été, quand les vaches mangent l'herbe des pâturages riches en graminées et en fleurs. Ne vous y trompez pas : même s'il est assez persillé, le bleu de Gex est savoureux.

BLEU de LAQUEUILLE

- **origine** / Auvergne
- **lait** / vache
- **matières grasses** / 27 %
- **meilleures saisons** / toute l'année
- **forme** / cylindre
- **dimensions** / 20 cm de diamètre, 9 à 10 cm d'épaisseur
- **poids** / 2,5 kg
- **goût** / corsé
- **texture** / un peu sèche

Le bleu de Laqueuille est le descendant direct du bleu d'Auvergne inventé au XIXe siècle par Antoine Roussel – dont la statue trône sur la place de Laqueuille, dans le Puy-de-Dôme. Aujourd'hui, seule la laiterie Roussel, installée dans ce village, en produit encore.

Dégustation

Je fais vieillir ce fromage avant de le proposer à mes clients. Il en résulte un bleu un peu particulier, qui a perdu son humidité. Quand il est très affiné, le bleu de Laqueuille a un goût plus corsé que le bleu d'Auvergne.

BLEU de TERMIGNON

- **origine** / Savoie
- **lait** / vache
- **matières grasses** / 30 %
- **meilleures saisons** / toute l'année
- **forme** / cylindre
- **dimensions** / 28 cm de diamètre, 10 à 12 cm d'épaisseur
- **poids** / 7 kg
- **goût** / lactique
- **texture** / friable

Très confidentiel, le bleu de Termignon est un caillé recuit fabriqué dans le village qui porte son nom. Le fromage n'est pas piqué et les moisissures qui se forment sont naturelles. Il en résulte une répartition très irrégulière du bleu, avec de grandes parties blanches et d'autres veinées.

Dégustation

Je conseille de déguster le bleu de Termignon jeune, à cinq ou six mois d'affinage. Mais certains amateurs le préfèrent plus vieux. Sa saveur est très différente de celle des autres bleus. Il a un goût de lait recuit, avec des arômes de caramel ou de noisette.

BLEU des CAUSSES

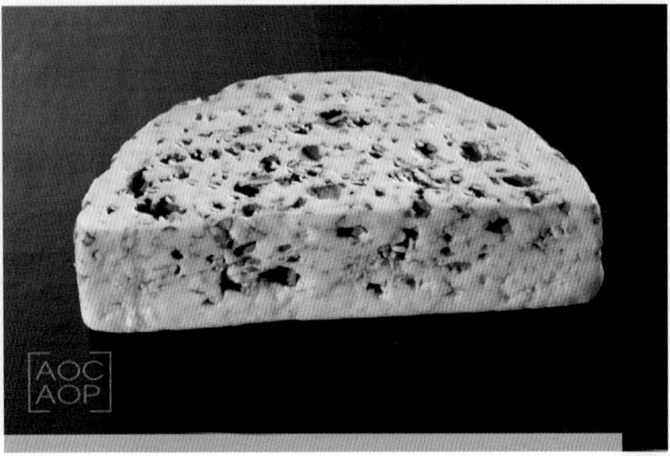

- **AOC** 1953 / **AOP** 1996
- **origine** / Rouergue
- **lait** / vache
- **matières grasses** / 30 %
- **meilleures saisons** / toute l'année
- **forme** / cylindre
- **dimensions** / 20 cm de diamètre, 8 à 10 cm d'épaisseur
- **poids** / 2,5 kg
- **goût** / relevé
- **texture** / onctueuse

Le bleu des Causses est fabriqué dans les régions les moins arides des Causses. Il est lui aussi une imitation du roquefort fabriquée avec du lait de vache. Les fromages sont piqués pour être ensemencés en bleu. Leur affinage dure de trois à six mois (soixante-dix jours au minimum). Assez onctueux, le bleu des Causses est un peu plus fort que le bleu d'Auvergne. Son goût de terroir est plus prononcé, avec des arômes plus développés. Sa pâte se tient mieux et elle présente moins de persillé que celle de son frère auvergnat. Pourtant il s'est fabriqué à peine plus de 587 t de bleu des Causses en 2011. Sa production a chuté de moitié en 10 ans.

Dégustation

À la fin d'un repas, vous pouvez proposer un plateau de fromages composé uniquement avec des bleus : bleu des Causses, roquefort, bleu d'Auvergne, fourme d'Ambert, bleu de Gex. Servez-le avec un rivesaltes ou un porto vintage : l'association est très réussie, et vous comblerez vos convives – à moins, bien sûr, qu'ils ne soient tous de piètres amateurs de fromages !
Les restes de bleus peuvent être utilisés en cuisine : salades, sauces, soufflés, etc.

BLEU du VERCORS-SASSENAGE

Autre nom : bleu de Sassenage

Le bleu de Sassenage est un très vieux fromage dont l'existence remonte au Moyen Âge. Ainsi, le 28 juin 1338, la charte du baron de Sassenage autorisait les fermiers fabriquant des fromages sur ses terres à les vendre en toute liberté. Au tout début du XVIIe siècle, l'agronome français Olivier de Serres le cite dans son *Théâtre d'agriculture et ménage des champs* paru en 1600. Il explique notamment que les meilleurs bleus de Sassenage sont ceux fabriqués avec un mélange de trois laits (vache, chèvre et brebis) ; il y a quelques années, un fromager a essayé de faire revivre cet ancien bleu, mais le résultat a été plutôt décevant.
Ce fromage a obtenu une AOC en 1998. Il s'appelle désormais *bleu du Vercors-Sassenage*. Je dois avouer que je suis contre le libellé de cette appellation. Jamais le bleu de Sassenage ne s'est appelé bleu du Vercors. Je suppose que les producteurs ont pensé qu'ils donneraient plus de poids à leur appellation s'ils y associaient la région du Vercors, plus connue des consommateurs que la petite ville de Sassenage. Malheureusement, ce nom commercial ne correspond à aucune réalité présente ou passée.

- **AOC** 1998 / **AOP** 2001
- **origine** / Dauphiné
- **lait** / vache
- **matières grasses** / 28 %
- **meilleures saisons** / toute l'année
- **forme** / petite meule
- **dimensions** / 30 cm de diamètre, 8 à 9 cm d'épaisseur
- **poids** / 5 à 6 kg
- **goût** / fruité à corsé, selon l'affinage
- **texture** / persillée

Dégustation

De nos jours, le bleu de Sassenage est fabriqué uniquement avec du lait de vache. Sa saveur douce et assez peu persillée l'apparente au bleu de Gex.

FOURME d'AMBERT

Fourme vient du vieux français *forme*, qui a donné *fourmaige*, *formage*, puis *fromage*. La production de la fourme d'Ambert se fait dans le Puy-de-Dôme, sur le territoire de cinq cantons autour de Saint-Flour.

- **AOC** 1972 / **AOP** 1996
- **origine** / Auvergne
- **lait** / vache
- **matières grasses** / 27 %
- **meilleures saisons** / fin de l'été, automne, hiver
- **forme** / cylindre haut
- **dimensions** / 11 à 13 cm de diamètre, 19 cm d'épaisseur
- **poids** / 1,5 à 2 kg
- **goût** / fruité
- **texture** / persillée et moelleuse

Dégustation

La fourme d'Ambert est un bon fromage, doux pour un bleu, avec un goût de persillé particulièrement discret.

Il y a une vingtaine d'années, la mode était à la fourme d'Ambert au porto. On prenait une demi-fourme que l'on évidait partiellement avec une cuillère. On malaxait la chair prélevée avec du porto, et on remettait la pâte obtenue dans la fourme, que l'on plaçait pendant une journée au réfrigérateur. Le fromage ainsi préparé était servi sur des buffets, tartiné ou à manger à la cuillère. Je crois que cette mode est complètement passée, mais si le cœur vous en dit…

FOURME de MONTBRISON

- **AOC** 1972 / **AOP** 1996
- **origine** / Loire
- **lait** / vache
- **matières grasses** / 27 %
- **meilleures saisons** / fin de l'été, automne, hiver
- **forme** / cylindre haut
- **dimensions** / 11,5 à 14,5 cm de diamètre, 17 à 21 cm de haut
- **poids** / 2 à 2,7 kg
- **goût** / fruité à corsé, selon l'affinage
- **texture** / persillée et friable

Ce fromage proche de la fourme d'Ambert porte le nom de la ville de Montbrison, située au pied des monts du Forez. La fourme de Montbrison est moins grasse, plus sèche et donc moins moelleuse que sa sœur d'Ambert. Sa croûte est nettement plus orangée, moins grise. Quant à la moisissure, elle est moins bleue.

Dégustation

Avec sa pâte relativement peu persillée, la fourme de Montbrison est appréciée des amateurs qui préfèrent les bleus lorsqu'ils sont doux et crémeux.

ROQUEFORT

- **AOC** 1925 / **AOP** 1996
- **origine** / Aveyron
- **lait** / brebis
- **matières grasses** / 32 %
- **meilleures saisons** / toute l'année
- **forme** / cylindre
- **dimensions** / 19 à 20 cm de diamètre, 8,5 à 9,5 cm d'épaisseur
- **poids** / 2,5 à 2,9 kg
- **goût** / plus ou moins corsé
- **texture** / crémeuse

Emballé dans un papier métallique mentionnant la marque du producteur, le roquefort est, avec le camembert, l'un des fromages français les plus connus et les plus exportés dans le monde entier. Il est aussi l'un de ceux qui ont la plus longue histoire. Pline l'Ancien, qui vivait au Ier siècle de notre ère, évoque déjà, dans le chapitre XI de son *Histoire naturelle*, « les fromages du mont Lozère et du pays de Gévaudan ». Les Auvergnats affirment que l'écrivain latin faisait référence au cantal. Mais je suis persuadée, comme la plupart des auteurs, qu'il s'agit du roquefort. Nous ne saurons toutefois sans doute jamais de façon certaine s'il faisait allusion à l'un plutôt qu'à l'autre, ou à un troisième encore !

Une naissance légendaire

Dans le monde des fromages, l'histoire du roquefort est l'une des plus riches qui soient. Une légende romantique explique les conditions de sa naissance. En des temps très reculés, un pâtre aurait abandonné son pain et un morceau de fromage de brebis pour suivre une belle. Revenu quelques jours plus tard, il aurait retrouvé le pain moisi ; quant au fromage, il était recouvert d'un duvet bleuté. Le pâtre l'aurait goûté et trouvé bon… Ainsi serait né le roquefort !

Un glorieux cortège d'amateurs

La partie la plus glorieuse de l'histoire du roquefort débuta sous le règne de Charlemagne. De retour d'une guerre en Espagne, le roi s'était arrêté chez l'évêque d'Albi un samedi, qui était alors jour d'abstinence. Le prélat n'ayant pas eu le temps de se procurer du poisson, il servit du fromage à son illustre invité. Le roi entreprit alors d'en ôter toutes les moisissures avec la pointe de son couteau. Rassemblant son courage, l'évêque lui expliqua que les parties qu'il rejetait étaient les meilleures. Charlemagne goûta et apprécia tant qu'il demanda à son hôte de lui envoyer chaque année deux charges de mulet du fromage à Noël. Mais l'ecclésiastique fut pris d'une inquiétude, car le fromage qu'il avait offert au roi était excellent ; il le prévint donc que les roqueforts qu'il lui adresserait n'auraient peut-être pas toujours la même qualité. Charlemagne lui conseilla de les couper par le milieu afin de reconnaître les bons des médiocres et suggéra de maintenir les fromages coupés avec une broche en bois.
Beaucoup plus tard, au XVIIIe siècle, Diderot affirma que le roquefort était le premier fromage d'Europe. Voltaire, Chaptal et bien d'autres auteurs écrivirent sur le roquefort. Le gastronome Curnonsky le célébra, décrivant « l'odeur puissante de la terre et l'arôme des prairies ». Quant à Casanova, il le considérait tout simplement comme… un aphrodisiaque !

Une charte pour un monopole

La protection du roquefort remonte à la fin du Moyen Âge. En 1411, Charles VI signa une charte accordant aux habitants de Roquefort le monopole de l'affinage du fromage « tel qu'il est pratiqué de temps immémorial dans les grottes du village de Roquefort ». Dans le sillage de son père, Charles VII renouvela

le privilège, qui fut ensuite confirmé par de très nombreux rois, dont François Ier, Louis XIII, Louis XIV et Louis XV. La cour du parlement de Toulouse édicta plusieurs arrêts protégeant le fromage contre les imitations et confirmant les droits accordés aux fabricants de roquefort.
Plus près de nous, le roquefort a été reconnu par le jugement du 22 décembre 1921 et par la loi du 26 juillet 1925. Premier fromage à bénéficier d'une AOC, il est aujourd'hui le plus protégé de France.

Du lait de provenances diverses

Le roquefort est fabriqué avec du lait de brebis cru. Autrefois, les brebis étaient en effet les seuls animaux à pouvoir tirer profit des maigres pâturages des causses de l'Aveyron. En 1987, contrairement aux caves d'affinage qui ont toujours été strictement délimitées géographiquement, le lait pouvait avoir de multiples origines et être collecté dans plusieurs départements du sud de la France présentant des pâturages assez proches de ceux des Causses. Aujourd'hui, l'AOP est plus restrictive. La zone de collecte du lait est limitée aux fermes situées dans un rayon de 100 km autour de Roquefort-sur-Soulzon. Quelque 17 500 t de roquefort sont produites chaque année (17 482 t en 2011). Une brebis ne donne du lait que durant six à sept mois par an, à raison d'environ 0,5 l par traite – soit un total de 100 à 150 l seulement par brebis pour la période de lactation. Et, il faut en moyenne 4,5 l de lait de brebis pour produire 1 kg de roquefort.

Affiné à Roquefort-sur-Soulzon

Le plus souvent, le fromage est d'abord fabriqué sur le lieu de production du lait. Il est ensemencé en *Penicillium roqueforti* dès le début. Un peu comme il existe de multiples cépages de vin, les souches de *Penicillium roqueforti* sont nombreuses et donnent aux fromages de multiples nuances de goût.
Parmi les spécifications de l'AOP, les caves d'affinage font l'objet d'une réglementation très précise. Le roquefort doit obligatoirement être affiné à Roquefort-sur-Soulzon, dans les caves fraîches du Combalou. Ce piton calcaire est troué de grottes qui constituent autant de caves naturelles. À l'intérieur de celles-ci règne une température constante (entre 7 et 9 °C) ; de grandes cheminées naturelles donnant sur l'extérieur,

appelées *fleurines*, assurent une bonne ventilation.
Une fois que les pains de roquefort sont piqués et ensemencés de *Penicillium roqueforti*, ils sont déposés dans ces caves humides sur des claies. Les courants d'air permettent aux fromages de bleuir. Il ne reste plus ensuite qu'à les retourner régulièrement et à les surveiller. Quand on estime que les fromages sont devenus suffisamment bleus, on les enveloppe dans un papier d'étain pour stopper le développement des moisissures. L'affinage se poursuit ensuite pendant au moins trois mois.

Dégustation

Compte tenu des différentes souches de *Penicillium roqueforti*, de la diversité de l'origine des laits et de la variété des techniques de fabrication, on trouve de nombreux roqueforts dans le commerce. Certains sont très persillés et très gras, avec un goût prononcé. D'autres offrent une saveur beaucoup plus douce et moins persillée. Entre les deux existe toute une gamme de roqueforts au goût plus ou moins fort et à la qualité gustative plus ou moins intéressante selon la production.
La moisissure doit être bien répartie dans la pâte, jusqu'au bord du fromage. Le roquefort prend de plus en plus de puissance en vieillissant. Je vous recommande de l'associer à un rivesaltes ou à un porto vintage.

Les CHÈVRES

Les chèvres sont des animaux gentils, très familiers, mais facétieux. Leurs fromages sont à leur image : bons et aromatisés, sans trop de saveurs puissantes ; mais s'y retrouver dans leurs noms est un inextricable casse-tête ! L'habitude s'est prise de rassembler les fromages de chèvre dans une même famille, car ils présentent tous une saveur caprine typique liée au lait utilisé. Toutefois, ce vaste groupe comporte aussi bien des fromages frais que des pâtes molles et des pâtes persillées, dont la fabrication diffère autant que celle des différents fromages au lait de vache. On découvre fréquemment sur les marchés des fromages de chèvre de bonne facture.

Les chèvres ont été introduites en France au VIIIe siècle, quand les Sarrasins ont envahi le sud du pays et sont venus jusqu'à Poitiers. Depuis, leur lait a toujours donné lieu à la fabrication de petites productions fromagères familiales et fermières. En effet, nul besoin de mettre en œuvre de gros moyens pour réaliser un fromage de chèvre. Cinq ou six chevrettes suffisent.

De ces innombrables fabrications locales, il résulte aujourd'hui une multitude de noms différents pour des spécialités dont beaucoup sont très proches les unes des autres. Même un fromager n'y retrouve pas ses fromages ! (En fait, chaque ferme – ou presque – baptise son chèvre d'un nom différent, qui est souvent celui du lieu-dit ou du village.) En matière de chèvres, le mieux est encore de pouvoir décrire le goût et la texture : le commerçant fromager saura alors retrouver un équivalent du fromage recherché.

Jadis, la production des fromages de chèvre était strictement saisonnière. En effet, la lactation de ces animaux ne survient que de février à la fin de l'été. On ne trouvait donc pas de fromages de chèvre en automne ni en hiver, mis à part les produits les plus secs, conservés pendant plusieurs mois. Autres temps, autres mœurs… Aujourd'hui, les éleveurs réussissent à obtenir des portées décalées dans le temps et modifient le rythme naturel de production de lait chez leurs chèvres. Par ailleurs, les industriels congèlent le lait au moment de la plus forte production (en mai et en juin), pour s'en servir plus tard dans l'année. Les fromages fabriqués avec ce lait congelé perdent beaucoup de leurs saveurs.

La fabrication des fromages de chèvre est identique à celle des fromages au lait de vache et varie selon le type de pâte : caillage (le plus souvent par emprésurage), moulage et égouttage, salage et affinage. La très grande majorité des chèvres sont des pâtes molles, obtenues sans que la pâte soit pressée. Et beaucoup présentent une croûte naturelle, qui n'est ni ensemencée de *Penicillium candidum*, comme les croûtes fleuries, ni lavée. Très souvent, un même fromage de chèvre peut être dégusté à différents stades d'affinage : frais, crémeux ou sec. À chacun correspond un goût différent. L'affinage d'un chèvre est très rapide (quelques semaines) et il n'est possible de conserver que les fromages pouvant être mangés très secs.

La couleur naturelle de la croûte des chèvres varie du blanc au gris bleuté, puis au gris brunâtre. Les fromages cendrés sont saupoudrés de cendre de bois ou de charbon ; il s'agissait jadis de les protéger contre les insectes et d'accélérer leur assèchement superficiel – aujourd'hui, la cendre n'a plus qu'une justification purement esthétique. Autrefois, les chèvres étaient également souvent emballés dans des feuilles et enfermés dans de grandes malles, toujours dans le but d'obtenir une meilleure conservation.

On associe volontiers les chèvres à l'huile, en une mode

parfois un peu surfaite, à mon avis. Comme la cendre et les feuilles, l'huile permettait autrefois de conserver les chèvres et d'adoucir ceux qui étaient devenus trop secs : on grattait le bleu qui s'était formé sur le dessus des vieux fromages, puis on plaçait ceux-ci dans de l'huile avec des herbes aromatiques (thym, sarriette) pour les parfumer. On est loin désormais de ces pratiques économiques d'un autre temps ; aujourd'hui, les fromages macérés dans de l'huile aromatisée procurent surtout une impression d'authenticité provençale aux consommateurs.

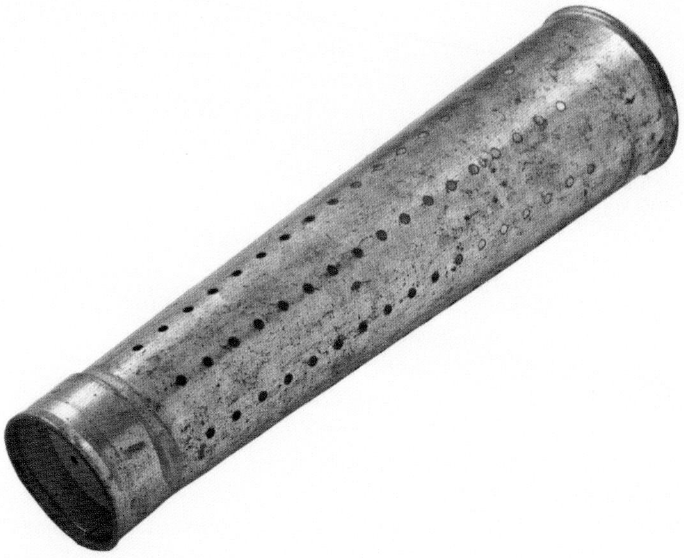

Moule à sainte-maure

BANON

Autre nom : banon à la feuille

- **AOC** 2003 / **AOP** 2007
- **origine** / Provence
- **lait** / chèvre
- **matières grasses** / 25 %
- **meilleures saisons** / printemps, été, automne
- **forme** / disque plat
- **dimensions** / 7 cm de diamètre, 1,5 cm de hauteur
- **poids** / 100 g
- **goût** / doux à plus corsé
- **texture** / souple à sèche

Selon les Provençaux, le banon aurait au moins deux mille ans. Au temps des Romains, il était enveloppé dans des feuilles de vigne, qui auraient par la suite été remplacées par des feuilles de noyer, puis de châtaignier – ce dernier ne s'étant implanté en Provence qu'au XIXe siècle. Autrefois, les feuilles servaient à protéger les fromages : d'une part, elles empêchaient les insectes de se poser dessus ; d'autre part, elles les préservaient de la poussière quand ils étaient entreposés dans de grandes jarres de terre et séparés par du grain plus ou moins propre.

Aujourd'hui, la Fromagerie de Banon représente 90 % de la production. Le cahier des charges est très rigoureux, notamment concernant la qualité du lait.

Dégustation

Fabriqué dans les Alpes-de-Haute-Provence, le banon est le chèvre de Provence par excellence, avec toutes les saveurs qui s'y attachent. Entièrement enfermé dans des feuilles de châtaignier maintenues par des brins de raphia, il ressemble à un petit paquet cadeau. Ce conditionnement est réalisé quatre jours après le début de la fabrication, et l'affinage se poursuit ainsi. Au fil du temps, le châtaignier communique une saveur particulière au banon.
À l'achat, la pâte est légèrement acide et moelleuse, un peu corsée, mais pas trop forte en goût.

Fromages d'antan

Il existait jadis des banons fabriqués avc du lait de vache – ils sont devenus très rares. De même, la pratique qui consistait à tremper les fromages dans de l'eau-de-vie et à les faire macérer avec du poivre, du thym, du laurier et des clous de girofle tend elle aussi à se perdre.

BARATTE

- **origine** / Saône-et-Loire
- **lait** / chèvre
- **matières grasses** / fraîche : 12 % ; sèche : 34 %
- **meilleures saisons** / printemps, été, automne
- **forme** / cône tronqué piqué d'une paille en son sommet
- **dimensions** / 2,5 cm de diamètre à la base, 3,5 cm au sommet, 3,5 cm de hauteur
- **poids** / 15 g
- **goût** / doux à plus corsé
- **texture** / souple à sèche

Créée en 1966, à l'époque de la minijupe et de la mini-Austin, la baratte a été le premier minifromage – à manger en une seule bouchée. Le producteur qui l'a inventée a adopté la forme d'un mâconnais miniature, dans lequel il a planté un morceau de paille. Le résultat ressemblait à une baratte… d'où le nom ! Il y a eu depuis des imitations plus ou moins réussies.

Dégustation

Excellent à l'apéritif, ce fromage se déguste de frais à très sec. Ajoutez un brin de ciboulette ou du poivre s'il est très frais. C'est délicieux !

BICHOUNET

- **origine** / Deux-Sèvres
- **lait** / chèvre
- **matières grasses** / 23 %
- **meilleures saisons** / printemps, été, automne
- **forme** / parallélépipède rectangle
- **dimensions** / 12 cm de longueur, 5,5 cm de largeur, 2,5 cm d'épaisseur
- **poids** / 200 g
- **goût** / doux
- **texture** / crémeuse

De très nombreux producteurs font des petits chèvres qui n'ont pas vraiment de nom. Mon père a commencé à vendre le bichounet dans les années 1960. Le nom a été trouvé par hasard, mais il correspond bien au caractère du fromage.

Dégustation

Le bichounet est un gentil chèvre très crémeux, vendu sur une petite feuille. Il s'apparente à tous les fromages posés sur une feuille, et il existe certainement sous d'autres dénominations. Son affinage est rapide : il monte en crème en une dizaine de jours seulement.

BOUCHON LYONNAIS

- **origine** / Lyon
- **lait** / chèvre
- **matières grasses** / 30 %
- **meilleures saisons** / printemps, été, automne
- **forme** / bouchon
- **dimensions** / 2 cm de diamètre, 5,5 cm de longueur
- **poids** / 25 g
- **goût** / parfumé
- **texture** / moelleuse à sèche

Ainsi que son nom l'indique, le bouchon lyonnais a la forme d'un bouchon. C'est un fromage de chèvre individuel qui fait bonne figure sur un plateau. Il est idéal à l'apéritif, car on peut le saisir avec les doigts et le déguster en deux ou trois bouchées.
Le bouchon de Sancerre est un fromage apparenté au bouchon lyonnais.

Dégustation

Le bouchon lyonnais se consomme de moelleux à sec. Pour ma part, je le mange sec – mais il est vrai que mes préférences vont généralement aux fromages forts.

BOUTON de CULOTTE

Autre nom : chèvreton du Mâconnais

- **origine** / Mâconnais
- **lait** / chèvre
- **matières grasses** / 34 %
- **meilleures saisons** / printemps, été, automne
- **forme** / tout petit cylindre
- **dimensions** / 2,5 cm de diamètre à la base, 1 cm au sommet, 1,5 cm d'épaisseur
- **poids** / 10 g
- **goût** / fruité
- **texture** / sèche

Le bouton de culotte est le plus petit de tous les fromages de chèvre et peut-être même de tous les fromages ! Je le conseille aux amateurs de chèvre fort, car, malgré sa petite taille, il a du goût.
Il s'affine rapidement ; très vite, sa pâte perd toute humidité, et il ne reste plus que de la caséine.

Dégustation

En général, le bouton de culotte est vendu très sec, à la limite de la dessiccation, mais il est parfois commercialisé mi-sec. Comme tous les minifromages, il est idéal à l'apéritif.

BÛCHETTE de PROVENCE

- **origine** / Provence
- **lait** / chèvre
- **matières grasses** / 24 %
- **meilleures saisons** / printemps, été, automne
- **forme** / cylindre allongé
- **dimensions** / 3 cm de diamètre, 14 cm de longueur
- **poids** / 120 g
- **goût** / parfumé
- **texture** / fraîche

La bûchette est fabriquée avec le lait de chèvres qui pâturent. Ces bêtes ne produisent que de 2,5 à 3 l de lait par jour, mais celui-ci a un taux protéique important et il est riche en parfums qui communiquent leur goût au fromage.
Les bûchettes d'Anjou, ou d'autres provenances, sont des fromages apparentés.

Dégustation

Le plus souvent, la bûchette de Provence se déguste fraîche, après un affinage d'environ deux semaines. Elle est présentée avec un brin de sarriette et constitue un délicieux fromage d'été, très parfumé.

CABOIN

- **origine** / Berry
- **lait** / chèvre
- **matières grasses** / 34 %
- **meilleures saisons** / printemps, été, automne
- **forme** / cône tronqué
- **dimensions** / 6 cm de diamètre à la base, 5 cm au sommet, 5,5 cm d'épaisseur
- **poids** / 170 g
- **goût** / parfumé
- **texture** / plutôt sèche

Par sa forme, le caboin ressemble à un chabichou, mais sa pâte est moins serrée. Son goût le rapproche plutôt du pouligny-saint-pierre. Ce petit fromage se pique de moisissures bleues en cours de fabrication. Achetez-le de préférence quand il est bien bleu, car sa saveur est alors renforcée.

Dégustation

Le caboin est tout à fait à sa place sur un plateau composé uniquement de fromages de chèvre. Variez les régions d'origine et les saveurs des autres pâtes et servez avec un sancerre blanc. Succès assuré !

CAILLOU du RHÔNE

- **origine** / Mâconnais, Lyonnais
- **lait** / chèvre
- **matières grasses** / 34 %
- **meilleures saisons** / printemps, été, automne
- **forme** / tout petit cylindre
- **dimensions** / 1 cm de diamètre, 1 cm d'épaisseur
- **poids** / 30 g
- **goût** / puissant
- **texture** / sèche à très sèche

Petit, mais costaud : telle pourrait être sa devise ! Comme son nom le suggère, le caillou du Rhône est dur… Très proche du bouton de culotte, il rappelle aussi le lyonnais.

Dégustation

Ce tout petit fromage se déguste très sec, en une seule bouchée, et il développe beaucoup de puissance. Il est idéal pour l'apéritif, mais sa forme et sa taille lui permettent de trouver place partout, notamment lorsque l'on souhaite rendre attrayante la présentation d'un plateau de fromages.

CHABICHOU du POITOU

- **AOC** 1990 / **AOP** 1996
- **origine** / Poitou
- **lait** / chèvre
- **matières grasses** / 25 %
- **meilleures saisons** / printemps, été, automne
- **forme** / légèrement tronconique
- **dimensions** / 6 cm de diamètre à la base, 5 cm au sommet, 6 cm d'épaisseur
- **poids** / 100 à 150 g
- **goût** / onctueux à sec
- **texture** / lisse ; croûte cendrée ou non cendrée

Quand les Arabes envahirent le sud de la France, au VIIIe siècle, ils apportèrent avec eux des chèvres (*chebli*, en arabe). On suppose que la production de fromages de chèvre dans le Poitou remonte à cette époque. Le chabichou est resté jusqu'à une date récente un fromage très consommé dans sa région d'origine. Un poète, Émile Bergerat, a même écrit un rondeau en son honneur, publié dans *Ballades et sonnets*, en 1910.

Une AOC tolérante

L'AOC « chabichou du Poitou » est assez récente. Il existe aussi des chabichous qui ne sont pas fabriqués dans le Poitou et qui ne bénéficient donc pas de l'appellation. Pendant longtemps, la taille des chabichous a varié au gré des productions. Mais l'AOC a standardisé sa forme. Les spécifications de l'appellation ne sont pourtant pas très strictes. Elles imposent l'utilisation de lait entier, mais ne s'opposent pas à la fabrication avec du lait pasteurisé. Sur les 468 t de chabichous du Poitou produits chaque année, 33 t sont des fromages fermiers, 81 t sont élaborées avec du lait cru, le reste de la production est fait avec du lait pasteurisé.

Dégustation

Vous privilégierez les productions fermières, qui ont plus de saveur, notamment au printemps et en été.
Le chabichou présente une pâte un peu serrée, jamais très moelleuse, mais jamais très sèche non plus.

CHAROLAIS

- **AOC** 2010 / **AOP** 2014
- **origine** / Bourgogne
- **lait** / chèvre
- **matières grasses** / 34 %
- **meilleures saisons** / printemps, été, automne
- **forme** / petit cylindre haut
- **dimensions** / 5 à 6 cm de diamètre, 7 à 8 cm d'épaisseur
- **poids** / 200 g
- **goût** / sec
- **texture** / lisse

Le charolais est un des grands fromages de chèvre. Apparenté au clacbichou, il présente une pâte serrée et nécessite au moins un mois d'affinage, quelquefois deux. Quand on le coupe, une pâte superbe, lisse et blanche, apparaît.

Dégustation

Le charolais se déguste de sec à très sec. Dans ce dernier cas, je vous le recommande avec du pain légèrement grillé, du beurre salé et un vin blanc plutôt sec… En collation à 10 heures ou au goûter, c'est un régal !

CHÂTAIGNIER

- **origine** / Deux-Sèvres
- **lait** / chèvre
- **matières grasses** / 23 %
- **meilleures saisons** / printemps, été, automne
- **forme** / disque épais
- **dimensions** / 10,5 cm de diamètre, 5 cm d'épaisseur
- **poids** / 400 g
- **goût** / doux
- **texture** / souple à sèche ; croûte cendrée

Le nom de cette petite tomme de chèvre provient de la feuille de châtaignier sur laquelle elle est posée. Vous la trouverez parfois blanche et souvent cendrée (avec de la poudre de charbon de bois). Au cours de l'affinage, la cendre disparaît sous des moisissures bleues de fabrication.

Dégustation

Chaque producteur suit sa propre méthode de fabrication et le goût du fromage varie de l'un à l'autre. Le châtaignier a quoi qu'il en soit une saveur délicate et une texture souple qui le font apprécier de tous. Il se transforme volontiers en un fromage unique pour six à huit personnes.

CHÊNE

- **origine** / Quercy
- **lait** / chèvre
- **matières grasses** / 23 %
- **meilleures saisons** / printemps, été, automne
- **forme** / parallélépipède arrondi aux extrémités
- **dimensions** / 8 cm de longueur, 4 cm de largeur, 4 à 5 cm d'épaisseur
- **poids** / 80 à 100 g
- **goût** / parfumé
- **texture** / souple

Vous pensez qu'il repose sur une feuille de chêne ? Eh bien, non ! Il n'y a pas de feuille de chêne posée sur le fromage, ni glissée dessous, ni fichée dans la pâte. Ce nom de chêne est énigmatique et son origine historique s'est perdue.

Dégustation

Le chêne est un chèvre blanc affiné pendant une quinzaine de jours avant d'être proposé à la vente. Proche du bichounet, il est néanmoins un peu moins crémeux à cause de sa hauteur. Ce petit fromage est idéal pour deux ou trois personnes.

CHEVRETTE des BAUGES

- **origine** / Savoie
- **lait** / chèvre
- **matières grasses** / 33 %
- **meilleures saisons** / printemps, été, automne
- **forme** / disque épais
- **dimensions** / 10 à 15 cm de diamètre, 5 à 6 cm d'épaisseur
- **poids** / 500 à 800 g
- **goût** / parfumé
- **texture** / ferme

La chevrette des Bauges a failli disparaître au début des années 1980, mais elle a refait son apparition dans le commerce depuis quelque temps.

Jadis, dans de nombreux massifs de Savoie et de Haute-Savoie, chaque ferme fabriquait son propre chevrotin au lait de chèvre. Les formes et les goûts variaient selon la main et la technique du fermier. Mais, dans les Bauges, la chevrette est faite selon la méthode de fabrication de la tomme de Savoie, alors que le chevrotin reprend celle du reblochon.

Les deux fromages ont un deuxième point commun : ils ne sont commercialisés qu'à certaines époques de l'année. En principe, la chevrette des Bauges n'apparaît elle aussi dans les boutiques que de mai à novembre. Toutefois, elle se conserve un peu plus longtemps que son cousin le chevrotin.

Dégustation

Au goût, la chevrette des Bauges est assez douce. La consistance de sa chair rappelle celle de la tomme de Savoie. Sa saveur étonne les consommateurs qui ne la connaissent pas, car elle ne ressemble pas à un chèvre classique. Ce fromage hybride est vraiment le résultat du croisement d'une tomme avec du lait de chèvre. La chevrette des Bauges offre des parfums qui développent beaucoup d'arômes et je la conseille elle aussi aux personnes qui éprouvent des difficultés à s'habituer aux saveurs caprines.
Vous pouvez facilement la transporter, elle ne perdra pas ses qualités et elle ne coulera pas. Elle est idéale en casse-croûte, à 10 heures ou au goûter.

Spécialité
Il existe aussi des chevrettes fabriquées avec un mélange de lait de vache et de lait dc chèvre.

CHEVRIOU

Le chevriou est un petit fromage de chèvre qui se présente sous la forme d'un cylindre. Compte tenu de sa fabrication (affinage rapide), il est extrêmement parfumé.

Dégustation

Vous pouvez le demander à plusieurs stades d'affinage : moelleux ou plus sec. Débouchez une bouteille de beaujolais bien frais et faites une dégustation comparative ! Je vous déconseille de le goûter frais, car il est vraiment destiné à être consommé sec ou très sec.

- **origine** / Deux-Sèvres
- **lait** / chèvre
- **matières grasses** / 26 %
- **meilleures saisons** / printemps, été, automne
- **forme** / petit cylindre
- **dimensions** / 5 cm de diamètre, 4 cm d'épaisseur
- **poids** / 100 g
- **goût** / fruité
- **texture** / moelleuse à sèche

CHEVROTIN

Le chevrotin n'apparaît sur les étals que de mai à novembre. Il a pour particularité d'être fabriqué comme le reblochon, mais avec du lait de chèvre. Il présente d'ailleurs la même croûte marron clair.
Sa pâte est très légèrement pressée au cours de la fabrication et il nécessite un affinage plus poussé que la plupart des autres fromages de chèvre.

- **AOC** 2002 / **AOP** 2005
- **origine** / Haute-Savoie, Savoie
- **lait** / chèvre
- **matières grasses** / 23 %
- **meilleures saisons** / printemps, été, automne
- **forme** / disque épais
- **dimensions** / 8 à 10 cm de diamètre, 3 à 4 cm d'épaisseur
- **poids** / 250 à 350 g
- **goût** / doux et aromatique
- **texture** / crémeuse

Dégustation

On déguste le chevrotin affiné à cœur : toute trace de blanc doit avoir disparu de la chair. Fabriqué dans les chalets d'alpage, il est issu d'une production exclusivement fermière, ce qui garantit ses qualités gustatives.

Il en résulte un merveilleux fromage, absolument délicieux, tout en finesse, dont la pâte est souple, onctueuse et très lisse. Sa saveur délicate est richement aromatique. Je le conseille aux personnes qui d'ordinaire n'apprécient guère les fromages de chèvre. Le goût caprin est présent, mais il reste très discret.

CLACBICHOU

Autre nom : clacbitou

- **origine** / Bourgogne
- **lait** / chèvre
- **matières grasses** / 34 %
- **meilleures saisons** / printemps, été, automne
- **forme** / cylindre
- **dimensions** / 9 cm de hauteur, 5 à 6 cm de largeur
- **poids** / 200 à 250 g
- **goût** / fruité
- **texture** / sèche

Frère jumeau du charolais, mais en plus gros et plus corsé, le clacbichou est un excellent fromage de chèvre. Quoique sec, il laisse une légère impression de gras en bouche et sa saveur développe de multiples arômes.

Dégustation

Il faut environ cinq semaines d'affinage pour que sa pâte devienne très lisse, blanche et fine. Frais, le charolais a moins de saveur et présente une légère acidité.

Si vous l'achetez très sec, vous pouvez le conserver deux à trois semaines dans le bac à légumes de votre réfrigérateur, comme vous le feriez pour un charolais ou un crottin de Chavignol.

CROTTIN de CHAVIGNOL

Autre nom : chavignol

- **AOC** 1976 / **AOP** 1996
- **origine** / Berry
- **lait** / chèvre
- **matières grasses** / 32 %
- **meilleures saisons** / printemps, été, automne
- **forme** / petit cylindre haut
- **dimensions** / 4 à 5 cm de diamètre, 3,5 à 4,5 cm d'épaisseur
- **poids** / 60 à 100 g
- **goût** / fruité
- **texture** / sèche à très sèche

La dénomination de ce fromage de chèvre proviendrait d'une petite lampe à huile en terre cuite appelée « crot » qui avait la même forme que le crottin actuel. Quant à Chavignol, c'est tout simplement le nom de la localité où il était autrefois fabriqué.

Le pire et le meilleur

Dans le domaine des crottins de Chavignol, et malgré l'AOP, le meilleur côtoie le pire – et je ne parle pas des pâles copies sans appellation baptisées tout simplement crottins et qui pèsent moins de 60 g !

Les spécifications de l'AOP exigent un affinage d'au moins dix jours, mais, à ce stade, le fromage est encore blanc. Un bon crottin de Chavignol nécessite d'être affiné durant au moins trois semaines. Il prend plus de goût, devient sec, et des moisissures bleues se développent sur la croûte. Bien sûr, vous privilégierez les fromages fermiers, encore nombreux. En 2011, sur les 874 t de crottin de Chavignol produites, 28 % provenaient de producteurs fermiers.

Dégustation

Le crottin de Chavignol a connu dans les années 1980 un grand succès, succès qui a été prolongé par la mode actuelle du chèvre chaud.

Pour une préparation culinaire, choisissez un fromage peu affiné, encore blanc. La recette est simple : posez un crottin sur du pain arrosé d'un filet d'huile d'olive et passez le tout quelques minutes au four. Le pain légèrement grillé surmonté du fromage partiellement fondu est servi sur un lit de salade. C'est délicieux… à condition que le fromage soit lui-même de très bonne qualité ! En effet, la chaleur renforce à la fois les défauts et les qualités de la pâte.

CURAC

Autres noms : pavé, pavé du Quercy

- **origine** / Deux-Sèvres
- **lait** / chèvre
- **matières grasses** / 23 %
- **meilleures saisons** / printemps, été, automne
- **forme** / pavé
- **dimensions** / 9 cm de côté, 5 cm d'épaisseur
- **poids** / 350 à 400 g
- **goût** / parfumé
- **texture** / plutôt crémeuse ; croûte cendrée ou non cendrée

Les curacs que nous vendons dans notre boutique sont cendrés. Mais il en existe aussi des blancs. Ce sont de gros pavés fabriqués avec du lait de chèvre, qui conviennent en fromage unique pour huit personnes.

Dégustation

Le curac se déguste après quinze jours d'affinage, assez frais et monté en crème. Son goût est celui d'un chèvre classique, parfumé et pas trop fort.

Si vous l'enveloppez dans du film alimentaire, vous pouvez le conserver sans problème pendant six ou sept jours dans le bac à légumes de votre réfrigérateur.

DÔME

- **origine** / Berry
- **lait** / chèvre
- **matières grasses** / 34 %
- **meilleures saisons** / printemps, été, automne
- **forme** / dôme
- **dimensions** / 11 cm de diamètre à la base, 7 cm de hauteur
- **poids** / 350 g
- **goût** / parfumé
- **texture** / moelleuse

La forme du dôme est très particulière, mais son nom l'évoque parfaitement : arrondi, il ressemble à un gros gaperon un peu aplati, légèrement cendré.

Dégustation

Ce très bon chèvre a une saveur parfumée et se déguste moelleux. Sur un plateau, il remplace avec originalité le traditionnel sainte-maure de Touraine ou le selles-sur-cher. Le dôme présente en outre l'intérêt d'être avantageux, car il est gros. On peut le laisser vieillir un peu sans dommage.

FONTENAY

- **origine** / Deux-Sèvres
- **lait** / chèvre
- **matières grasses** / 26 %
- **meilleures saisons** / printemps, été, automne
- **forme** / cylindre
- **dimensions** / 5 cm de diamètre, 6,5 cm de hauteur
- **poids** / 225 g
- **goût** / doux à fruité
- **texture** / souple à ferme

Cette petite tomme de chèvre cendrée est fabriquée près de Fontenay-le-Comte, dans les Deux-Sèvres, à proximité de la Venise Verte et du marais poitevin. Le fontenay se déguste aussi bien doux que fruité : choisissez son degré d'affinage en fonction de votre goût.

Dégustation

La présence d'un fontenay sur un plateau de fromages permet de satisfaire tous les convives, surtout si vous doublez le plaisir en proposant un doux et un sec. Le fontenay se prête aussi à toutes les préparations culinaires à base de fromage de chèvre.

GRAVIA

Autre nom : bouyguette

- **origine** / Tarn
- **lait** / chèvre
- **matières grasses** / 23 %
- **meilleures saisons** / printemps, été, automne
- **forme** / oblongue
- **dimensions** / 16 cm de longueur, 3 cm d'épaisseur
- **poids** / 125 g
- **goût** / parfumé
- **texture** / tendre

Vous reconnaîtrez le gravia à la branche de romarin posée sur sa croûte. Telle est la particularité de ce petit chèvre fabriqué dans le Tarn.

Dégustation

Le gravia est un chèvre frais au goût très agréable. Je vous conseille de ne pas trop attendre pour le déguster et de le choisir assez peu affiné. Accompagné d'un verre de rosé, il possède alors un irrésistible goût de vacances. Toutefois, certains préfèrent attendre qu'il soit plus sec : à vous de choisir !

JOUG

- **origine** / Deux-Sèvres
- **lait** / chèvre
- **matières grasses** / 26 %
- **meilleures saisons** / printemps, été, automne
- **forme** / cylindre allongé légèrement tronconique
- **dimensions** / 5 cm de diamètre à une extrémité, 4 cm à l'autre, 10,5 cm de longueur
- **poids** / 125 g
- **goût** / parfumé
- **texture** / moelleuse

Le joug ressemble à un petit sainte-maure de Touraine. Il s'apparente à toutes les bûchettes de chèvre cendrées. Toutefois, sa fabrication exclusivement fermière garantit une bonne qualité gustative et gastronomique.

Dégustation

Sa saveur parfumée et sa pâte moelleuse font que le joug est apprécié de nos jours par de nombreux consommateurs. En général, je le recommande à mes clients lorsqu'ils veulent préparer un plateau de fromages pour un repas rassemblant un petit nombre de convives.

LA TOUR

- **origine** / Berry
- **lait** / chèvre
- **matières grasses** / 34 %
- **meilleures saisons** / printemps, été, automne
- **forme** / petit cylindre
- **dimensions** / 6,5 à 7 cm de diamètre, 9 cm d'épaisseur
- **poids** / 300 g
- **goût** / parfumé
- **texture** / tendre à ferme

Le fromage de la tour se mange plutôt frais. Par sa forme, il rappelle le clacbichou, mais il est cendré et plus doux.

Dégustation

Comme tous les gros chèvres, le fromage de la tour est avantageux, car il offre beaucoup de pâte et peu de croûte, et il se transforme volontiers en un fromage unique. Par ailleurs, il se prête avec bonheur à diverses préparations culinaires. Découpez-le en rondelles et faites-le chauffer sur du pain, vous obtiendrez une entrée délicieuse. Bien enveloppé, vous pouvez le conserver pendant une semaine dans le bac à légumes de votre réfrigérateur.

LAUZERAL

- **origine** / Deux-Sèvres
- **lait** / chèvre
- **matières grasses** / 23 %
- **meilleures saisons** / printemps, été, automne
- **forme** / pavé
- **dimensions** / 9 cm de côté, 2,5 cm d'épaisseur
- **poids** / 250 g
- **goût** / parfumé
- **texture** / crémeuse

Le lauzeral est un fromage de chèvre fabriqué dans les Deux-Sèvres. C'est un fromage généreux.

Dégustation

Le lauzeral est un pavé de chèvre, il est donc assez avantageux. Son goût parfumé et sa texture crémeuse font qu'il est apprécié par de nombreux consommateurs. Toutefois, il faut savoir que c'est un fromage fragile et délicat ; pour cette raison, il ne se conserve pas très longtemps et doit être consommé dans les jours qui suivent l'achat.

LUNAIRE

- **origine** / Deux-Sèvres
- **lait** / chèvre
- **matières grasses** / 26 %
- **meilleures saisons** / printemps, été, automne
- **forme** / disque assez épais
- **dimensions** / 10 cm de diamètre, 3 cm d'épaisseur
- **poids** / 250 g
- **goût** / parfumé
- **texture** / moelleuse

Fromage avantageux, le lunaire séduit tous les amateurs de chèvre moelleux.

Il existe d'autres petites tommes de chèvre blanches semblables au lunaire, mais qui portent d'autres noms. En effet, chaque producteur de chèvre, ou presque, invente sa propre appellation. Ainsi, parmi la multitude de spécialités caprines, beaucoup ne se distinguent en fait que par leur nom et leur provenance.

Dégustation

Le lunaire se déguste peu affiné. Juste à point, il présente une saveur parfumée et une onctuosité très agréable.

LYONNAIS

- **origine** / Lyonnais
- **lait** / chèvre
- **matières grasses** / 34 %
- **meilleures saisons** / printemps, été, automne
- **forme** / petit disque
- **dimensions** / 6 cm de diamètre, 2,5 cm d'épaisseur
- **poids** / 100 g
- **goût** / fruité
- **texture** / sèche

Apparenté au chevriou et au mâconnais, le lyonnais est un petit fromage à réserver aux amateurs de chèvres secs et très secs.

Dégustation

Je recommande le lyonnais en collation, le matin ou l'après-midi, pour combler une petite faim. Dégustez-le alors avec une tranche de pain grillé, un peu de beurre demi-sel et un verre de vin blanc… mais n'abusez pas de cette prodigieuse association gastronomique : le plaisir réside aussi dans la nouveauté, et le réitérer trop souvent finirait assurément par l'émousser !

MÂCONNAIS

- **AOC** 2006 / **AOP** 2010
- **origine** / Bourgogne
- **lait** / chèvre
- **matières grasses** / 34 %
- **meilleures saisons** / printemps, été, automne
- **forme** / petit cylindre tronconique
- **dimensions** / 4 cm de diamètre à la base, 3 à 3,5 cm au sommet, 3,5 cm d'épaisseur
- **poids** / 50 g
- **goût** / fruité
- **texture** / sèche

Le mâconnais est un des plus vieux fromages de chèvre de Bourgogne. Il servait d'en-cas aux ouvriers dans les vignes.

Dégustation

Le mâconnais se mange de sec à très sec. Il présente une pâte assez dense, serrée.

Spécialités

De nombreuses personnes affirment que le mâconnais peut être fait avec du lait de chèvre, mais aussi avec du lait de vache ou encore avec un mélange des deux laits. En ce qui me concerne, je ne l'ai jamais vu fabriquer autrement qu'avec du lait de chèvre.

Autrefois, le mâconnais servait à préparer le *fromage fort*, qui était consommé pendant les vendanges (le fromage fort existe toujours). Les fermiers écroûtaient un peu le mâconnais, le râpaient dans une jatte et le recouvraient de vin blanc, auquel ils ajoutaient un peu de beurre. Après une macération pouvant aller de quelques heures à plusieurs jours, ils obtenaient une pâte à tartiner sur du pain. Comme son nom l'indique, sa saveur était plutôt forte.

Il existait autrefois une autre façon de consommer un mâconnais devenu trop sec. Elle consistait à le faire ramollir dans un bouillon de poireau et à le servir avec des tartines de pain grillé. Cette dernière préparation est supportable pour nos papilles modernes, et je dois avouer que j'aime beaucoup le mélange. N'hésitez pas à tester la recette si elle vous tente.

MERVENT

- **origine** / Deux-Sèvres
- **lait** / chèvre
- **matières grasses** / 26 %
- **meilleures saisons** / printemps, été, automne
- **forme** / disque plat
- **dimensions** / 8,5 cm de diamètre, 3 cm d'épaisseur
- **poids** / 300 g
- **goût** / doux et fruité
- **texture** / souple à ferme

Le nom de mervent provient de la commune vendéenne éponyme située au cœur d'une forêt millénaire qui serait le berceau de la légende de la fée Mélusine… Lorsqu'il est coupé en deux, le mervent présente une belle pâte lisse.

Dégustation

Le mervent plaît à tous, petits et grands. Sa jolie couleur laiteuse éveille les papilles et donne envie de déguster du fromage. Vous pouvez le placer sur un plateau parmi d'autres couleurs et d'autres saveurs : il trouvera toujours des amateurs en fin de repas.

MOTHAIS

Autre nom : mothais à la feuille

- **origine** / Poitou
- **lait** / chèvre
- **matières grasses** / 23 %
- **meilleures saisons** / printemps, été, automne
- **forme** / disque assez épais
- **dimensions** / 10 cm de côté, 3 cm d'épaisseur
- **poids** / 250 g
- **goût** / doux
- **texture** / crémeuse

Jadis, ce fromage était probablement fabriqué dans la région de La Mothe-Saint-Héray, dans les Deux-Sèvres. Le mothais à la feuille est l'un des plus vieux chèvres fermiers de la région, avec le chabi et le chabichou. Ces fromages remontent au Moyen Âge, quand les Arabes atteignirent Poitiers ; ils apportèrent avec eux des chèvres, animaux auparavant inconnus dans ces contrées. L'habitude de fabriquer des fromages de chèvre s'est toujours maintenue depuis.

Dégustation

Alliant douceur et onctuosité, le mothais se savoure de préférence l'été, quand il fait chaud.

PALET

- **origine** / Deux-Sèvres
- **lait** / chèvre
- **matières grasses** / 26 %
- **meilleures saisons** / printemps, été, automne
- **forme** / petit disque plat
- **dimensions** / 6 cm de diamètre, 3 cm d'épaisseur
- **poids** / 110 g
- **goût** / doux à fruité
- **texture** / souple à ferme

Le palet est un des fromages de chèvre cendrés fabriqués dans les Deux-Sèvres. Il peut être consommé frais, demi-sec ou sec. En ce qui me concerne, je le préfère sec, voire très sec.

Dégustation

Petit fromage goûteux et sympathique, le palet est facile à accommoder. Je le recommande pour un dîner en tête-à-tête, accompagné d'une bonne bouteille de vin blanc, plutôt sec (un sancerre par exemple). Lorsqu'il est bien sec, il est également délicieux sur une tranche de pain grillée.

PÉLARDON

- **AOC** 2000 / **AOP** 2001
- **origine** / Languedoc-Roussillon
- **lait** / chèvre
- **matières grasses** / 28 %
- **meilleures saisons** / printemps, été, automne
- **forme** / petit disque
- **dimensions** / 6 cm de diamètre, 2,5 cm d'épaisseur
- **poids** / 80 g
- **goût** / fruité
- **texture** / très crémeuse

Des pélardons sont fabriqués dans une grande partie de la région du Languedoc, notamment sur les contreforts du Massif central. Ce sont tous de petits fromages de chèvre presque sans croûte, dont la pâte crémeuse à serrée offre une saveur acidulée. La majorité d'entre eux provient encore de productions fermières. Les éleveurs ont pour obligation de sortir les chèvres au moins 210 jours par an.

Fromage à tout faire

Autrefois, les pélardons présentaient un grand avantage pour les petits fermiers languedociens : ils pouvaient être fabriqués avec très peu de lait. On les mangeait frais, secs ou très secs.

Ils entraient également dans de nombreuses préparations culinaires, bouillis, en galettes ou dans des soupes. Et quand ils étaient vraiment dépassés, ils servaient à préparer des fromages forts. La fabrication de ces derniers consistait à faire macérer des pélardons devenus extrêmement secs pour les ramollir et obtenir une pâte à tartiner sur du pain.

Dégustation

Le pélardon est un fromage de chèvre plutôt crémeux, qui plaît à de nombreux consommateurs actuels. La finesse de sa texture se développe lorsqu'il monte en crème. Quand il est jeune, on peut le consommer chaud, passé au four sur une fine tranche de pain. Vous trouverez des pélardons secs dans le commerce, certaines méthodes d'affinage permettant de les laisser vieillir. Toutefois, je vous recommande de les déguster plutôt jeunes, car, lorsqu'ils perdent leur texture crémeuse, les pélardons deviennent plus forts.

PERSILLÉ de TIGNES

Les persillés fabriqués en Savoie avec du lait de chèvre et de vache sont travaillés selon une méthode ancestrale qui consiste à mélanger plusieurs caillés.
Comme pour les tommes de Savoie et pour les chevrotins, chaque vallée savoyarde – ou presque – réalise son propre persillé, réputé différent des autres. Toutefois, les secrets de fabrication avancés par les uns et les autres risquent de masquer une réalité évidente : qu'il soit de Tignes, de Tarentaise, du Mont-Cenis, de Semnoz ou des Aravis, le persillé est toujours un seul et même fromage. En dépit des légères variations d'une vallée à l'autre, il s'agit toujours d'un caillé recuit. Bien sûr, on trouve de petites différences de goût ; mais il ne s'agit que de légères nuances…

Un persillé… non persillé !

Mes clients me demandent souvent pourquoi ce fromage s'appelle persillé alors qu'il ne s'apparente en rien à un bleu. Eh bien, tout simplement parce que, si on piquait la pâte avec une aiguille, elle bleuirait et du *Penicillium glaucum* se développerait ! Mais comme il n'est pas piqué, il reste blanc. Étonnant, non ?

- **origine** / Savoie
- **lait** / chèvre et vache
- **matières grasses** / 28 %
- **meilleures saisons** / printemps, été, automne
- **forme** / petit cylindre
- **dimensions** / 9,5 à 11 cm de diamètre, 9 à 10 cm de hauteur
- **poids** / 700 g à 1 kg
- **goût** / fruité
- **texture** / friable

Dégustation

Fromage rustique, le persillé de Tignes est meilleur en été et en automne, car il développe alors des saveurs plus riches. Il nécessite un affinage de deux mois au minimum. Ensuite, sa pâte devient de plus en plus friable au fil de l'affinage et il perd peu à peu son gras. Trop vieux, il présente moins d'intérêt à mes yeux – mais certains amateurs aiment le consommer ainsi.

PETIT PLAISIR

- **origine** / Deux-Sèvres
- **lait** / chèvre
- **matières grasses** / 26 %
- **meilleures saisons** / printemps, été, automne
- **forme** / cylindre
- **dimensions** / 7 cm de diamètre, 5 cm de hauteur
- **poids** / 180 g
- **goût** / fruité
- **texture** / ferme

Les fromages de chèvre fabriqués dans les Deux-Sèvres ont tous un air de famille. Ils se différencient par leur taille et leur poids, qui entraînent de subtiles variations de goût au cours de l'affinage. Parmi eux, le petit plaisir est particulièrement équilibré. Sa pâte est un peu serrée et lisse.

Dégustation

La très belle texture du petit plaisir lui permet de figurer sur tous les plateaux de fromages, quelle que soit l'occasion, mariage ou repas du dimanche.

PETITE MEULE

- **origine** / Tarn
- **lait** / chèvre
- **matières grasses** / 23 %
- **meilleures saisons** / printemps, été, automne
- **forme** / petit disque avec un trou central
- **dimensions** / 9 cm de diamètre, 5 cm d'épaisseur
- **poids** / 250 g
- **goût** / fruité
- **texture** / tendre

La petite meule se présente avec un trou central qui la fait ressembler à une pierre de meunier.

Dégustation

La petite meule est tendre et parfumée. Les amateurs l'apprécient particulièrement en été, quand il fait chaud. Sa pâte moelleuse et fondante développe de subtils arômes et laisse une impression agréable au palais.
La petite meule est assez grosse et je la conseille en fromage unique pour six personnes.

PICODON de l'ARDÈCHE

- **AOC** 1983 / **AOP** 1996
- **origine** / Drôme, Ardèche
- **lait** / chèvre
- **matières grasses** / 29 %
- **meilleures saisons** / printemps, été, automne
- **forme** / petit disque
- **dimensions** / 5 cm de diamètre, 2 cm d'épaisseur
- **poids** / 80 g
- **goût** / fruité
- **texture** / un peu sèche

Picodon est un nom d'origine occitane, qui signifie «piquer». Nos aïeux ne gaspillaient jamais de nourriture et je suppose qu'ils conservaient longtemps ces fromages, dont la saveur devenait piquante en vieillissant. Toutefois, aujourd'hui, les picodons ne sont pas du tout piquants.

Un affinage original

Les limites géographiques de l'AOP ont été définies très précisément : la zone de production se situe de part et d'autre du Rhône (dans l'Ardèche à l'ouest, dans la Drôme à l'est), et elle inclut aussi un canton du Gard et un canton du Vaucluse. Les picodons peuvent être affinés selon la méthode « Dieulefit», qui consiste à les laver plusieurs fois en cours d'affinage.

Je ne la pratique pas, car je n'ai jamais vu laver des fromages de chèvre, mais pourquoi pas ?
Les picodons fermiers représentent 4,2 % de la production totale. Ils sont fabriqués avec du lait cru et offrent des qualités gustatives nettement plus intéressantes que leurs frères jumeaux élevés dans des laiteries.

Dégustation

On confond souvent *picodon* et *pélardon*. L'erreur est d'autant plus facile que ces deux fromages de chèvre ont à peu près la même taille, mais le picodon est beaucoup plus sec que le pélardon. Autrefois, on grattait légèrement la croûte du fromage et on l'enduisait d'huile d'olive afin qu'il se ramollisse et qu'il développe de nouvelles saveurs. Aujourd'hui, quand il est sec, on le met parfois à macérer dans de l'huile d'olive aromatisée d'herbes – mais il s'agit surtout de suivre une mode consistant à plonger tout et n'importe quoi dans l'huile d'olive ! On peut aussi le faire macérer dans de l'eau-de-vie le temps d'obtenir une sorte de *fromage fort*.

POULIGNY-SAINT-PIERRE

Le pouligny-saint-pierre tire son nom du village de l'Indre où il était jadis fabriqué. L'aspect légèrement tronqué de sa forme s'explique par la difficulté de préserver la pointe de la pyramide au cours de la fabrication et du transport. Au fil de son vieillissement, des moisissures se développent sur la croûte, qui devient légèrement granuleuse et bleutée.
L'AOP impose à tous les producteurs de pouligny-saint-pierre la fabrication avec du lait cru.

Dégustation

Le pouligny-saint-pierre présente une texture fine et lisse, mais il a du goût. Les spécifications de l'AOP imposent un affinage d'une durée minimale de trois semaines ; je recommande pour ma part de le consommer un peu plus vieux. Frais, il présente une saveur trop acide – à mon goût, du moins. Il est vrai que certains amateurs aiment cette saveur typique des chèvres frais.

Ce chèvre est une valeur sûre : bien affiné, il en a le goût typique, fin avec une saveur de noisette. Comme toujours, vous privilégierez les fromages fermiers, qui offrent des notes gustatives plus intéressantes, notamment au printemps et en automne. Ils représentent un tiers de la production totale.

Précision
J'ai lu, ici ou là, que le pouligny-saint-pierre serait surnommé « tour-eiffel », à cause de sa forme pyramidale. Personnellement, je ne l'ai jamais entendu appeler ainsi.

- **AOC** 1976 / **AOP** 1996
- **origine** / Berry
- **lait** / chèvre
- **matières grasses** / 28 %
- **meilleures saisons** / printemps, été, automne
- **forme** / pyramide tronquée
- **dimensions** / 6,5 cm de côté à la base, 2,5 cm au sommet, 8 à 9 cm de hauteur
- **poids** / 250 g
- **goût** / relevé
- **texture** / moelleuse à sèche

QUERCY

- **origine** / Quercy
- **lait** / chèvre
- **matières grasses** / 23 %
- **meilleures saisons** / printemps, été, automne
- **forme** / petit cylindre
- **dimensions** / 8 cm de diamètre, 3,5 cm d'épaisseur
- **poids** / 200 g
- **goût** / parfumé
- **texture** / crémeuse ; croûte cendrée

Cette appellation n'est pas réglementée, et il existe aussi des petits quercys. De même, certains fromages arrivent sur les étals légèrement cendrés, d'autres blancs. Les quercys blancs et cendrés s'ornent en général de feuilles de mûrier, qui n'ont d'autre fonction qu'esthétique et ne communiquent aucune saveur particulière à la pâte, contrairement à ce qui se produit avec les feuilles de châtaignier pour d'autres fromages.

Dégustation

Fromage parfumé, le quercy se déguste crémeux, quand sa pâte est encore moelleuse.

RIGOTTE de CONDRIEU

- **AOC** 2009 / **AOP** 2013
- **origine** / massif du Pilat (Rhônes-Alpes)
- **lait** / chèvre
- **matières grasses** / 20 %
- **meilleures saisons** / printemps, été, automne
- **forme** / petit cylindre
- **dimensions** / 5 cm de diamètre, 2 cm de hauteur
- **poids** / 30 g
- **goût** / acidulé
- **texture** / tendre à sèche

La rigotte de Condrieu était autrefois fabriquée pour la consommation des fermiers. Il était alors fréquent de rajouter du lait de vache, pratique devenue impossible depuis qu'elle a obtenu une AOC lui imposant un strict cahier des charges. Le mot rigotte provient de *rigole* ou *rigot*, du nom des ruisseaux qui dévalent les pentes du Pilat.

Dégustation

Huit jours d'affinage au minimum sont nécessaires avant sa commercialisation. Parmi les chèvres, elle est celui que je préfère consommer frais à cause de son petit goût acidulé à nul autre pareil.

ROCAMADOUR

- **AOC** 1996 / **AOP** 1999
- **origine** / Quercy
- **lait** / chèvre
- **matières grasses** / 23 %
- **meilleures saisons** / printemps, été, automne
- **forme** / petit disque
- **dimensions** / 5 cm de diamètre, 1 à 1,5 cm d'épaisseur
- **poids** / 30 à 40 g
- **goût** / fruité
- **texture** / moelleuse

Jusqu'au début des années 1990, ce petit fromage était commercialisé sous le nom de *cabécou de Rocamadour*. Depuis 1996, l'AOC ne lui reconnaît plus qu'une seule dénomination : *rocamadour*. L'aire d'appellation est située autour de la ville de Rocamadour, sur le causse du Quercy.
Ce fromage très ancien remonte à l'introduction des chèvres dans le sud-ouest de la France lors de l'invasion arabe au Moyen Âge. En effet, des cabécous sont fabriqués depuis fort longtemps dans les fermes d'Aquitaine et du Languedoc. Le rocamadour – le seul qui ait obtenu une AOC – présente des dimensions et un poids très légèrement supérieurs aux cabécous traditionnels.

Exclusivement au lait cru
Vous ne trouverez pas de rocamadour au lait pasteurisé dans le commerce, car l'AOP impose la fabrication avec du lait cru. De plus, un tiers de la production de ce petit fromage de chèvre est d'origine fermière, ce qui garantit ses qualités gustatives. Compte tenu de sa petite taille, il est affiné durant un laps de temps assez court. En général, au bout de deux semaines d'affinage, il est suffisamment monté en crème et prêt à être consommé.

Dégustation

Le rocamadour se déguste jeune, quand sa pâte est onctueuse et fondante.
De nombreux amateurs le mangent nature, avec du pain. Ils profitent ainsi de son goût crémeux et de sa douce saveur. D'autres préfèrent le savourer chaud, passé au four sur un morceau de pain. Je ne trancherai pas, ces deux façons de l'apprécier me paraissant aussi judicieuses l'une que l'autre.
Quelques clients me demandent encore des rocamadours secs, beaucoup plus vieux, mais ils sont de moins en moins nombreux.

SAINTE-MAURE de TOURAINE

Le sainte-maure de Touraine est percé d'une paille en son centre, sur toute la longueur. Cette tige fine sert à tenir le fromage et à éviter qu'il ne se casse. L'AOP impose l'introduction d'une paille de seigle pyrogravée au centre du fromage après démoulage. Y figurent le numéro d'identification du producteur et le nom du fromage.
Il existe de nombreux sainte-maure, produits un peu partout en France. Mais l'AOP n'a été délivrée que pour celui de Touraine. Fabriqué obligatoirement avec du lait cru, le

sainte-maure de Touraine est encore une production largement artisanale, puisque les fromages fermiers représentent un tiers de la production totale.

- **AOC** 1990 / **AOP** 1996
- **origine** / Touraine
- **lait** / chèvre
- **matières grasses** / 29 %
- **meilleures saisons** / printemps, été, automne
- **forme** / cylindre allongé légèrement tronconique
- **dimensions** / 3 cm de diamètre à une extrémité, 4 à 5 cm à l'autre, 14 à 16 cm de longueur
- **poids** / 250 g
- **goût** / fruité
- **texture** / souple à sèche ; croûte cendrée

Dégustation

L'affinage dure au minimum dix jours, mais le sainte-maure de Touraine est souvent affiné plus longtemps, jusqu'à un mois, afin d'être proposé à la vente mi-sec, voire sec. Comme beaucoup de chèvres, le sainte-maure se déguste aussi bien nature que gratiné sur du pain. On trouve parfois dans le commerce des sainte-maure frais (sans AOP), traversés par une paille, mais non cendrés. Ces chèvres frais se consomment l'été, juste après démoulage. Les amateurs les salent et les poivrent avant de les manger avec du pain.

SANTRANGES

- **origine** / Berry
- **lait** / chèvre
- **matières grasses** / 36 %
- **meilleures saisons** / printemps, été, automne
- **forme** / petit disque
- **dimensions** / 6 cm de diamètre, 4 à 5 cm d'épaisseur
- **poids** / 150 à 180 g
- **goût** / relevé
- **texture** / sèche

Ce fromage de chèvre a pris le nom d'une petite localité du Cher. Le santranges ressemble à un gros crottin de Chavignol. Il se présente avec une mince croûte blanche légèrement pigmentée de bleue, parfois veinée de jaune. Sa pâte blanche est ferme. Fabriqué avec du lait cru, il nécessite un mois d'affinage et se mange sec.

Une diffusion restreinte

Autrefois appelé santranges-sancerre, le santranges est un fromage ancien. Aujourd'hui, il ne représente plus qu'une toute petite production et sa diffusion est assez restreinte. Les producteurs du Berry préfèrent en effet fabriquer des crottins de Chavignol, plus petits et beaucoup plus connus, qu'ils commercialisent sans aucune difficulté. En cette période où la mode est aux petits chèvres, le santranges pâtit donc de sa – relative – grosse taille. Pourtant, en ce qui me concerne, je le préfère au crottin de Chavignol, justement à cause de ses dimensions plus importantes, qui entraînent une plus grande abondance de chair.

Dégustation

Le goût de terroir prononcé du santranges le fait réserver aux vrais amateurs de fromages de chèvre. Pour apprécier pleinement sa saveur, dégustez-le avec un vin blanc de la région ou avec un pouilly fumé : je vous garantis un moment de plaisir gastronomique authentique !

Il existe une autre possibilité de dégustation pour les gourmets souhaitant s'offrir un petit en-cas, quelle que soit l'heure de la journée : le santranges est également délicieux très sec, avec du pain grillé et du beurre demi-sel – un autre vrai délice !

SARRAZIN

Autre nom : bougon

Le sarrazin ressemble à un petit camembert de Normandie, mais il est fabriqué avec du lait de chèvre. Il présente une croûte plus épaisse que son illustre confrère, ce qui fait qu'il ne reste plus guère de chair à déguster – à mon avis, du moins.

Dégustation

L'affinage dure de deux à trois semaines ; il doit être poursuivi jusqu'à ce que toute trace de blanc ait disparu de la chair. Le fromage devient alors crémeux, et sa saveur assez douce plaît à de nombreux amateurs.

- **origine** / Poitou
- **lait** / chèvre
- **matières grasses** / 23 %
- **meilleures saisons** / printemps, été, automne
- **forme** / disque épais
- **dimensions** / 10 cm de diamètre, 2,5 cm d'épaisseur
- **poids** / 180 g
- **goût** / fruité
- **texture** / crémeuse

SELLES-sur-CHER

Le selles-sur-cher porte le nom du village du Loir-et-Cher sur le marché duquel il était vendu jadis. Depuis 1975, l'AOC lui impose une zone de production très limitée, située autour du village dont il porte le nom, à cheval sur le Loir-et-Cher, l'Indre et le Cher.
Au cours de sa fabrication, le selles-sur-cher est enrobé de sel et de poudre de charbon de bois. Il se présente donc à la vente cendré.

- **AOC** 1975 / **AOP** 1996
- **origine** / Berry
- **lait** / chèvre
- **matières grasses** / 30 %
- **meilleures saisons** / printemps, été, automne
- **forme** / petit cylindre tronconique
- **dimensions** / 8 à 9 cm de diamètre à la base, 7 à 8 cm au sommet, 3 cm d'épaisseur
- **poids** / 150 à 200 g
- **goût** / doux
- **texture** / ferme à moelleuse ; croûte cendrée

Dégustation

Selon la durée de l'affinage, qui dure de dix jours à trois semaines, on obtient un fromage encore frais ou un peu plus sec. Le selles-sur-cher a une pâte douce, crémeuse sur les bords. Vous privilégierez les fromages fermiers, qui représentent encore 36 % de la production totale. Eux seuls conservent l'arrière-goût légèrement acidulé, rappelant la noisette, des authentiques fromages de chèvre.

Le selles-sur-cher figure dignement sur un plateau de fromages. En été, on peut le couper en dés et le mêler à une salade de tomates assaisonnée d'huile d'olive et parsemée de feuilles de basilic.

SOLIGNAC

- **origine** / Quercy
- **lait** / chèvre
- **matières grasses** / 23 %
- **meilleures saisons** / printemps, été, automne
- **forme** / cylindre
- **dimensions** / 3 cm de diamètre, 4 cm de hauteur
- **poids** / 100 g
- **goût** / aromatisé au poivre
- **texture** / souple

Le solignac se consomme frais ou légèrement affiné (jusqu'à deux semaines). Comme tous les chèvres aromatisés, il est très parfumé, d'autant plus que sa saveur est renforcée par le poivre introduit dans la pâte. Cette petite tomme de chèvre est décorée avec quelques grains de poivre posés sur le dessus.

Dégustation

Le chèvre au poivre est le fromage de l'été et des vacances par excellence. Je vous le recommande avec un rosé de Provence bien frais – si possible au bord de l'eau ou face à la montagne !

SUPER-SELLES

- **origine** / Berry
- **lait** / chèvre
- **matières grasses** / 32 %
- **meilleures saisons** / printemps, été, automne
- **forme** / petit cylindre tronconique
- **dimensions** / 8,5 cm de diamètre, 5 cm d'épaisseur
- **poids** / 400 g
- **goût** / fruité
- **texture** / tendre à sèche

Son nom le laisse deviner : le super-selles est un selles-sur-cher de plus grandes dimensions. Il nécessite un affinage plus long, à cause de sa taille, et on peut le laisser vieillir un peu. Son goût, plus fruité que celui du selles, se renforce lorsqu'il devient sec.

Dégustation

Comme le selles-sur-cher, il fait bonne figure sur un plateau à la fin d'un repas. Je conseille d'ôter la croûte avant de déguster la chair – mais il paraît que dans le Berry, la tradition impose de tout manger… À vous de voir !

TOMME à la SARRIETTE

- **origine** / Provence
- **lait** / chèvre
- **matières grasses** / 16 %
- **meilleures saisons** / printemps, été, automne
- **forme** / petit disque
- **dimensions** / 6,5 cm de diamètre, 2,5 cm d'épaisseur
- **poids** / 100 g
- **goût** / aromatisé à la sarriette
- **texture** / souple

La tomme à la sarriette est aromatisée avec cette excellente herbe de Provence qui a, entre autres, la vertu de repousser les mouches.

Il faut s'arrêter quelques instants sur les éminentes qualités que les Provençaux prêtent à la sarriette. Parmi elles, ses vertus aphrodisiaques ne sont pas des moindres. On dit que la sarriette fait des miracles dans ce domaine depuis l'Antiquité. Sa réputation n'a pas faibli au cours des siècles, à tel point qu'on murmure du côté d'Avignon qu'un pape aurait interdit aux moines la culture de cette précieuse herbe aromatique ! Et c'est tout naturellement que, depuis quelques années, certains n'hésitent pas à la surnommer « le Viagra des Provençaux ».

Dans la région, de nombreuses personnes se font des infusions de sarriette… Si elles ne les consomment pas pour leur pouvoir aphrodisiaque, c'est qu'elles souhaitent profiter de leurs vertus antiseptiques, bien connues elles aussi ! Quoi qu'il en soit, je ne sais pas si tous ces bienfaits sont réels ou supposés, mais je constate que, en général, les hommes apprécient ce petit fromage estival !

Dégustation

Jadis, on posait les petites tommes de chèvre sur des lits de sarriette. Elles se parfumaient naturellement, et c'est probablement ainsi que l'idée d'aromatiser le fromage à la sarriette est apparue. Il en résulte un fromage de chèvre proche du pèbre d'aï (un frère du banon aromatisé au poivre et à la sarriette), mais qui n'est pas, comme lui, affiné à l'intérieur de feuilles de châtaignier. Le chèvre à la sarriette se déguste le plus souvent frais et son affinage dépasse rarement deux semaines.

TOMME à l'HUILE

- **origine** / Provence
- **lait** / chèvre
- **matières grasses** / 16 %
- **meilleures saisons** / printemps, été, automne
- **forme** / disque plat
- **dimensions** / 7 cm de diamètre, 1,5 cm de hauteur
- **poids** / 100 g
- **goût** / parfumé
- **texture** / tendre

La tomme à l'huile est facile à reconnaître : elle est recouverte de baies rouges avec une petite feuille de laurier. Ce petit chèvre se déguste plutôt frais, lorsque sa texture est encore presque fondante.

Dégustation

Au cœur de l'hiver, comme une trêve dans le froid quotidien, je vous recommande une pause avec une tomme à l'huile, accompagnée d'une bonne baguette tradition et d'un petit verre de rosé. Fermez les yeux… vous êtes en vacances, baigné par le soleil provençal !

TOMME de PROVENCE

- **origine** / Provence
- **lait** / chèvre
- **matières grasses** / 23 %
- **meilleures saisons** / printemps, été, automne
- **forme** / petit disque
- **dimensions** / 6,5 cm de diamètre, 2,5 cm d'épaisseur
- **poids** / 100 g
- **goût** / parfumé
- **texture** / moelleuse

Encore un fromage de chèvre provençal à la sarriette… Un de plus, direz-vous ! Oui, mais chacun a son charme, et la tomme de Provence a autant d'amateurs que la tomme à la sarriette ; la première est plus moelleuse, la seconde un peu plus crémeuse.

Dégustation

La tomme de Provence a un fort goût du Midi, car la sarriette pulvérisée est mélangée à la pâte lors du moulage et a donc le temps de bien imprégner le fromage.

Tous les nostalgiques du Sud retrouveront en le dégustant le soleil et la garrigue. Il ne manquera que les grillons…

VALENÇAY

- **AOC** 1998 / **AOP** 2004
- **origine** / Berry
- **lait** / chèvre
- **matières grasses** / 24 %
- **meilleures saisons** / printemps, été, automne
- **forme** / pyramide tronquée
- **dimensions** / 6 à 7 cm de côté à la base, 3 à 4 cm au sommet, 6 à 7 cm de hauteur
- **poids** / 200 à 250 g
- **goût** / parfumé
- **texture** / moelleuse à sèche ; croûte cendrée

Le valençay est un des rares fromages de chèvre associés à une anecdote historique. Talleyrand, le célèbre homme politique, possédait un château à Valençay, dans l'Indre. Il avait demandé à ses fermiers de fabriquer un fromage en l'honneur de Napoléon Ier – qui ne s'appelait encore que Bonaparte – pour son retour de la campagne d'Égypte. On lui proposa un fromage de chèvre en forme de pyramide. Mais, entre-temps, Talleyrand se serait fâché avec Napoléon et, par dépit, il aurait décidé de lui couper symboliquement la tête en ôtant le sommet de la pyramide.

Il s'agit d'une légende, bien sûr. Je suppose que la pyramide a perdu sa pointe – si tant est qu'elle en ait jamais eu ! – pour des raisons purement pratiques. En effet, les fromages sont manipulés à de nombreuses reprises durant leur affinage et leur transport, et une forme pointue serait beaucoup trop fragile pour arriver intacte sur les étals. Les fermiers ont donc probablement adopté des contours plus rustiques dès le début.

Dégustation

Le valençay est fabriqué avec lait cru. Il doit sa croûte cendrée à une pulvérisation de poudre de charbon de bois au cours de sa fabrication. Comme beaucoup de fromages de chèvre cendrés, il se mange de frais à sec, mais jamais très sec, car il perd alors ses qualités.
On le confond souvent avec d'autres chèvres en forme de pyramide – avec le pouligny-saint-pierre, notamment. De plus, il existe de nombreuses imitations du valençay AOP, qui sont aujourd'hui toutes cendrées et portent des noms plus ou moins voisins, sans bénéficier de l'appellation.

VAZERAQUE

- **origine** / Charente
- **lait** / chèvre
- **matières grasses** / 23 %
- **meilleures saisons** / printemps, été, automne
- **forme** / cylindre allongé
- **dimensions** / 3 cm de diamètre, 12 cm de longueur
- **poids** / 130 g
- **goût** / parfumé
- **texture** / crémeuse

Produit sous la forme d'une bûchette, le vazeraque présente une croûte blanche naturelle. C'est un fromage moelleux.

Dégustation

Comme tous les fromages de cette région, le vazeraque a une saveur très parfumée, sans être trop fort. (Il est aussi doux qu'un reblochon, par exemple.) Apprécié par de nombreux amateurs qui aiment sa texture crémeuse, il correspond tout à fait au goût actuel. Il a beaucoup de succès pour cette raison. Moelleux, il fond dans la bouche !

VILLAGEOIS

- **origine** / Charentes
- **lait** / chèvre
- **matières grasses** / 24 %
- **meilleures saisons** / printemps, été, automne
- **forme** / petit cylindre haut
- **dimensions** / 6 cm de diamètre, 6 cm d'épaisseur
- **poids** / 150 g
- **goût** / fruité
- **texture** / ferme

Le villageois ressemble par sa forme à un chabichou. Mais il n'est jamais cendré. Toutefois, sa croûte naturelle ressemble plutôt à celle du charolais et le fromage se présente sous la forme d'un petit cylindre bleu, teinté d'un peu de rouge. Il prend peu à peu sa couleur pendant l'affinage, qui dure de deux à trois semaines.

Dégustation

Le villageois présente l'avantage de pouvoir être consommé plus ou moins affiné, de moelleux à sec. Ainsi, il plaît à de nombreux consommateurs.

Les BREBIS

Brin d'amour, niolo, brocciu : les fromages au lait de brebis constituent une grande spécialité des Corses, qui utilisaient autrefois le seul lait dont ils disposaient. Ces fromages proviennent aussi traditionnellement du sud de la France, notamment des Pyrénées.

Les brebis ne produisent guère plus d'un litre de lait par jour et les fermiers de jadis n'employaient celui-ci pour réaliser des fromages que faute de mieux. En effet, dans toutes les régions d'élevage bovin, le fromage était fabriqué avec le lait des vaches, beaucoup plus abondant et plus régulier dans sa production sur l'année. Autrefois, il existait également beaucoup de fromages à base de lait mélangé brebis/chèvre, voire brebis/chèvre/vache.

Comme les chèvres, les fromages au lait de brebis étaient auparavant soumis à la saisonnalité de la production laitière naturelle chez les ovins : de fin août jusqu'au printemps. Mais les éleveurs réussissent de nos jours à décaler les portées et à obtenir du lait frais pendant presque toute l'année.

La fabrication des fromages de brebis s'apparente à celle des fromages au lait de vache. Le point commun des pâtes de cette famille réside dans le goût particulier des produits ovins – moins marqué, cependant, que le goût caprin. Plusieurs fromages de brebis sont extrêmement puissants, comme le niolo. Mais cela tient sans doute plus à leur tempérament corse qu'à la nature du lait !

ABBAYE de BELLOC

- **origine** / Pays basque
- **lait** / brebis
- **matières grasses** / 38 %
- **meilleures saisons** / fin de l'été, automne, hiver
- **forme** / cylindre aux bords arrondis
- **dimensions** / 22 cm de diamètre, 9 cm de hauteur
- **poids** / 4 kg
- **goût** / fruité
- **texture** / tendre

Fabriqué à l'abbaye Notre-Dame de Belloc, à Urt dans les Pyrénées-Atlantiques, ce fromage est issu d'une longue tradition, comme toutes les pâtes monastiques. Moins puissant que l'ossau-iraty, l'abbaye de Belloc présente une texture très fine et offre un goût vraiment parfumé.

Dégustation

Plus doux que l'ossau-iraty, l'abbaye de Belloc peut se manger en en-cas, pour combler une petite faim. C'est un fromage très accommodant, qui se prête à de nombreuses présentations et préparations.

BREBIS CORSE NATURE

- **origine** / Corse (au sud de Bastia)
- **lait** / brebis
- **matières grasses** / variable
- **meilleures saisons** / hiver, printemps, été
- **forme** / pavé
- **dimensions** / 10 à 12 cm de côté, 5 à 6 cm d'épaisseur
- **poids** / 600 à 800 g
- **goût** / parfumé
- **texture** / souple

Le brebis corse nature a une forme typique de fromage corse : c'est un pavé aux bords légèrement arrondis. Il doit être affiné pendant un mois au minimum pour se transformer en un fromage très parfumé.

Dégustation

Le brebis corse nature est nettement plus doux que ses frères et ses cousins de l'île de Beauté, qui sont pour la plupart beaucoup plus fruités. Il y a quelques années encore, les Corses, habitués aux saveurs puissantes, le considéraient d'ailleurs comme un fromage « pour touristes ».

BRIN d'AMOUR

- **origine** / Corse (au sud de Bastia)
- **lait** / brebis
- **matières grasses** / variable
- **meilleures saisons** / hiver, printemps, été
- **forme** / pavé
- **dimensions** / 10 à 12 cm de côté, 5 à 6 cm d'épaisseur
- **poids** / 600 à 800 g
- **goût** / très parfumé
- **texture** / souple

Créé en 1953 par M. Corsaletti, près de Calenzana, le brin d'amour est un brebis corse enveloppé d'herbes et de fruits du maquis (baies de genièvre, coriandre et romarin). Il est apparenté à la fleur du maquis, une spécialité fromagère proche qui porte un nom tout aussi poétique.

Dégustation

Quoique beaucoup plus parfumé que le brebis corse nature, le brin d'amour est lui aussi considéré par les Corses comme un fromage «pour touristes». (Traduisez : un fromage pas trop puissant, délicieux pour nos papilles modernes.)

BROCCIU

Autres noms: brocciu corse, broccio

- **AOC** 1983 / **AOP** 1996
- **origine** / Corse
- **lait** / brebis et/ou chèvre
- **matières grasses** / variable selon la saison (souvent 24 %)
- **meilleures saisons** / hiver, printemps, début de l'été
- **forme** / faisselles de différentes tailles
- **dimensions** / variables, selon la taille de la faisselle
- **poids** / 500 g à 1 kg
- **goût** / doux
- **texture** / onctueuse

Le brocciu est un fromage frais très réputé en Corse – c'est le seul fromage de l'île qui possède une AOP. Le nom du brocciu (prononcer : *broutche* ou *brotche*) dérive du terme *brousser*, qui signifie « battre ». En effet, le lait est battu juste avant que la fabrication du fromage ne débute. Le brocciu conserve un goût de lait et il ressemble à la ricotta italienne – mais cette dernière est faite avec du lait de vache.

Les spécifications de l'AOC autorisent la fabrication avec du lait de brebis, pur ou mélangé avec du lait de chèvre. Le brocciu au lait de brebis n'existe pas pendant l'été et l'automne, époques où les brebis ne donnent pas naturellement du lait.

Dégustation

Dégustez le brocciu aussi frais que possible. Je recommande de le consommer dans les deux jours suivant l'achat.
Le brocciu peut être affiné, mais il se transforme alors en un authentique fromage corse de caractère. Je déconseille cette manière de le consommer. Il existe des brebis puissants, dont c'est la vocation d'être forts et, à mon avis, du brocciu affiné n'est plus du brocciu – toutefois, cette opinion n'engage que moi ! De toute façon, au départ, le brocciu n'est pas salé. Or, un fromage non salé ne peut pas être affiné. (Mais il est vrai aussi qu'un fromage frais non vendu peut alors être salé et affiné… Libre à chacun de faire comme il l'entend, après tout !)
Le brocciu est utilisé dans de nombreuses préparations culinaires. Il sert à confectionner des beignets, les *fritelli*. On en fait aussi du *fiadone*, une sorte de flan réalisé avec beaucoup de brocciu, des œufs, du sucre, un peu de farine et un zeste de citron. On peut enfin le déguster tout simplement avec une compote ou des confitures.
Le brocciu au marc est une spécialité plus corsée.

CŒUR BASQUE

- **origine** / Béarn, Pays basque
- **lait** / brebis
- **matières grasses** / 35 %
- **meilleures saisons** / été, automne, hiver
- **forme** / cylindre
- **dimensions** / 12 cm de diamètre, 7 cm de hauteur
- **poids** / 1 kg
- **goût** / noisette
- **texture** / ferme

Le cœur basque est un brebis des Pyrénées de petites dimensions. Son nom ne provient ni de sa forme, ni d'une quelconque référence à la Saint-Valentin ou aux amoureux, mais tout simplement de sa taille ; comme il est petit, il donne l'impression d'offrir uniquement le centre du fromage – son cœur.

Dégustation

Le cœur basque convient parfaitement en fromage unique. Il présente l'avantage de se conserver plus longtemps avant sa dégustation qu'un morceau coupé dans un fromage plus gros.

GALETTE de BREBIS

Autre nom : pérail

- **origine** / Rouergue
- **lait** / brebis
- **matières grasses** / 25 %
- **meilleures saisons** / hiver, printemps, été
- **forme** / disque peu épais
- **dimensions** / 8 à 10 cm de diamètre, 1,5 à 2 cm d'épaisseur
- **poids** / 120 g
- **goût** / parfumé
- **texture** / crémeuse

À l'origine, les galettes de brebis étaient liées à la fabrication du roquefort. Quand il ne restait plus assez de lait pour faire un gros fromage, on confectionnait à la main de petites galettes destinées à la consommation domestique. Une demande d'AOC est en cours pour l'appellation « pérail ».

Dégustation

Cette galette blanche n'a pas de moisissures. Il faut deux semaines d'affinage pour qu'elle devienne crémeuse et se transforme en un fromage agréable et parfumé.

MÉDIÉVAL

Autre nom : lavort

- **origine** / Auvergne
- **lait** / brebis
- **matières grasses** / 28 %
- **meilleures saisons** / toute l'année
- **forme** / boule avec des cavités
- **dimensions** / 12 cm de diamètre
- **poids** / 2 kg
- **goût** / parfumé
- **texture** / sèche

Le médiéval est un fromage sec et parfumé. De création récente, il est fabriqué dans le Puy-de-Dôme. Ses formes arrondies rappellent la topographie érodée et les pentes relativement douces des volcans d'Auvergne. Le producteur utilise pour le préparer du lait cru de brebis, uniquement de la race lacaune.

Dégustation

L'affinage du médiéval est effectué sur des planches de sapin, qui communiquent un goût boisé et fruité à la pâte. Si vous ne le connaissez pas, ce délicieux fromage mérite que vous y goûtiez !

MURACCIOLE

Autre nom : venaco

- **origine** / Corse
- **lait** / brebis
- **matières grasses** / 28 %
- **meilleures saisons** / fin de l'automne, hiver, printemps, début de l'été
- **forme** / disque épais
- **dimensions** / 9 à 10 cm de diamètre, 3 à 5 cm d'épaisseur
- **poids** / 350 g
- **goût** / fruité
- **texture** / moelleuse à sèche

Le muracciole est un venaco fabriqué dans la commune de Muracciole, sur la route de Corte, presque au centre de la Corse. Je l'ai découvert grâce à la journaliste Florence Muracciole (heureuse femme qui compte un village et un fromage à son nom !).

Dégustation

Le muracciole est un fromage corse typique. Il demande au moins un mois d'affinage. Au fil du temps, ce fromage assez doux devient de plus en plus puissant. On peut le déguster de moelleux à sec, mais je le préfère moelleux.

NIOLO

- **origine** / Haute-Corse
- **lait** / brebis
- **matières grasses** / 24 %
- **meilleures saisons** / printemps, été
- **forme** / pavé
- **dimensions** / 10 à 13 cm de côté, 4 cm d'épaisseur
- **poids** / 400 g
- **goût** / puissant
- **texture** / friable

Qui ne connaît pas le niolo ne connaît pas la Corse ! Le plus réputé est fait au lait de brebis, mais il existe également des niolos fabriqués avec du lait de chèvre ou avec un mélange des deux laits.

Dégustation

La saveur du niolo se corse au fur et à mesure de l'affinage et, au bout de trois ou quatre mois, une saveur piquante apparaît. En bon fromage corse, le niolo a donc un goût assez prononcé, qui rappelle un peu celui du vieux-lille – fabriqué, lui, avec du lait de vache. Il plaît aux amateurs de fromages forts.

NOTLE

- **origine** / Touraine
- **lait** / brebis
- **matières grasses** / 24 %
- **meilleures saisons** / fin de l'hiver, printemps, début de l'été
- **forme** / petit cylindre
- **dimensions** / 6,5 cm de diamètre, 5,5 cm d'épaisseur
- **poids** / 250 g
- **goût** / parfumé
- **texture** / souple

Contrairement à nombre de fromages de brebis, le notle ne vient ni de Corse ni du sud de la France : c'est un enfant de la Touraine. En fait, il s'agit d'un fromage de création récente, qui se rapproche de la pigouille, en plus épais.

Dégustation

Le notle se déguste de demi-affiné à sec. Sa pâte douce et onctueuse le rend délicieux quand il est moelleux. Le goût de lait de brebis reste très discret : le notle est idéal pour les amateurs débutants qui souhaitent s'initier aux fromages de brebis.

OSSAU-IRATY

- **AOC** 1980 / **AOP** 1996
- **origine** / Béarn, Pays basque
- **lait** / brebis
- **matières grasses** / 34 %
- **meilleures saisons** / été, automne, hiver
- **forme** / cylindres de diverses tailles
- **dimensions** / 18 à 28 cm de diamètre, 7 à 15 cm d'épaisseur
- **poids** / 2 à 7 kg, selon la taille
- **goût** / noisette
- **texture** / ferme à sèche

L'origine de l'ossau-iraty remonte à l'implantation de religieux dans l'abbaye de Bellocq (Pyrénées-Atlantiques), il y a trois siècles. Longtemps, les fromages de brebis du Béarn ont été connus sous la dénomination de *laruns* – du nom du village situé entre la vallée du Valentin et celle du gave d'Ossau.

À chaque vallée son secret

Aujourd'hui encore, dans le Béarn et le Pays basque, chaque vallée fabrique son propre fromage de brebis et possède ses secrets de fabrication. Tout comme pour la tomme de Savoie, il en résulte des nuances de saveur d'un lieu de production à l'autre, car la nature des pâturages et, davantage encore, la main

de l'homme jouent un grand rôle dans le résultat final. Toutefois, on ne compte plus que 10 % de production fermière au lait cru dans le tonnage total d'ossau-iraty produit chaque année (3 428 t en 2011) et il est à craindre qu'une standardisation prochaine du goût ne finisse par rendre caduc ce genre de considérations sur les subtiles nuances dans les différentes saveurs de ce fromage.
De même qu'il existe des ossau-iraty fermiers, laitiers et industriels, on trouve des ossau-iraty de petite, moyenne et grande tailles. (Toutefois, le consommateur, qui achète le fromage par morceaux, ne s'en aperçoit pas toujours.)

Dégustation

L'ossau-iraty est un bon fromage, au goût équilibré. Autrefois, dans les Pyrénées, quand le fromage devenait vraiment trop vieux, on le mangeait avec de la confiture de cerises noires. C'est une excellente association, subtile et sucrée, que je vous recommande de goûter au moins une fois.

PIGOUILLE

- **origine** / Poitou
- **lait** / brebis
- **matières grasses** / 33 %
- **meilleures saisons** / automne, hiver
- **forme** / disque assez épais
- **dimensions** / 9 cm de diamètre, 3,5 cm d'épaisseur
- **poids** / 300 g
- **goût** / délicat
- **texture** / souple

La pigouille, fromage du Poitou, a pris – j'avoue que j'ignore pourquoi – le nom de la perche avec laquelle on dirige les embarcations sur le marais poitevin. Autrefois, selon la ferme où elle était fabriquée, elle était soit au lait de brebis, soit au lait de vache, soit mi-brebis/mi-chèvre. Il n'existe plus aujourd'hui qu'un seul producteur fermier ; il fabrique la pigouille avec le lait de ses brebis, qui broutent l'herbe des prés ou sont nourries d'orge et de luzerne, selon la saison.

Dégustation

La pigouille se déguste de demi-sèche à sèche, après deux ou trois semaines d'affinage.

TOMME CORSE

- **origine** / Corse
- **lait** / brebis
- **matières grasses** / 27 %
- **meilleures saisons** / été, automne, hiver
- **forme** / cylindre
- **dimensions** / 18 cm de diamètre, 8 cm de hauteur
- **poids** / 2,7 kg
- **goût** / parfumé
- **texture** / ferme

Il existe presque autant de tommes corses que de villages corses. Selon la durée de l'affinage, elles peuvent rester parfumées ou devenir très corsées. Les saveurs trop fortes font perdre le goût des arômes qui se sont développés au début de l'affinage.

Dégustation

Découpée en triangles décroûtés, la tomme corse se déguste à l'apéritif. Je la recommande aussi à la fin d'un repas corse, après une omelette à la menthe « de Jean » accompagnée de figatelli et d'une salade ; avec du vin rouge corse, vous verrez à coup sûr resurgir les magnifiques paysages de l'île de Beauté !

TRICORNE

- **origine** / Poitou
- **lait** / brebis
- **matières grasses** / 33 %
- **meilleures saisons** / automne, hiver
- **forme** / triangle épais
- **dimensions** / 10 cm de côté, 3 cm d'épaisseur
- **poids** / 180 g
- **goût** / parfumé
- **texture** / moelleuse

Autre fromage de brebis fabriqué dans le Poitou, le tricorne doit son nom à sa forme triangulaire. Il se déguste plutôt moelleux, après douze à quinze jours d'affinage seulement.

Dégustation

Le goût du tricorne rappelle celui de la pigouille, bien que sa pâte soit moins serrée. Ces deux fromages sont d'ailleurs fabriqués par le même producteur poitevin et faits tous les deux exclusivement avec du lait de brebis. La saveur assez subtile du tricorne apporte avec elle des réminiscences d'odeurs de campagne.

Les PARENTS PAUVRES

Petit-suisse, demi-sel, cancoillotte : je les ai baptisés « parents pauvres », car ils n'appartiennent pas aux familles reines des grands fromages. Les fromages frais s'adressent surtout aux enfants et la douceur de leur goût n'attire guère les véritables amateurs. Quant aux pâtes fondues… elles existent ! Cependant, ces deux catégories appartiennent à la grande famille des fromages, et aucun fromager digne de ce nom ne saurait les ignorer.

Les fromages frais

Les fromages frais (aussi appelés fromages à pâte fraîche) résultent d'une coagulation naturelle du lait. Ils sont ensuite égouttés et moulés. Quelques-uns sont salés, mais beaucoup ne le sont pas. Ils ne subissent pas d'affinage et présentent une saveur douce, lactique, très légèrement acidulée.

Fabriqués avec du lait de vache, de chèvre ou de brebis, les fromages frais peuvent être relevés par un ajout d'herbes aromatiques. Ils sont utilisés en cuisine pour la confection de desserts et trouvent aussi une – petite – place sur les plateaux de fromages, lorsqu'ils sont salés.

Les pâtes fondues

Les pâtes fondues résultent de la fonte de fromages déjà fabriqués, mais dont la forme a été endommagée. Autrefois, elles ne provenaient que des pâtes pressées cuites comme le gruyère ou l'emmental. Aujourd'hui, mis à part la cancoillotte, ce sont essentiellement des fromages industriels, baptisés « crème de… » ou « fromage à tartiner », et souvent présentés sous forme de portions individuelles. Si le fromage utilisé est de bonne qualité, on obtient une pâte fondue honnête, qui présente l'avantage de pouvoir se transporter facilement.

Compte tenu de leur absence de goût, les pâtes fondues sont souvent aromatisées avec du cumin, des herbes, du paprika.

CAILLEBOTTE

Autre nom : jonchée

FROMAGE FRAIS

- **origine** / Poitou
- **lait** / vache (quelquefois chèvre)
- **matières grasses** / variable
- **meilleure saison** / été
- **forme** / variable, selon le récipient
- **dimensions** / variables
- **poids** / variable
- **goût** / doux
- **texture** / molle et compacte

Jadis, la caillebotte existait dans toutes les régions productrices de lait, sous des noms divers. Elle était parfois faite avec du lait de chèvre ; dans le Béarn et le Pays basque, elle était fabriquée avec du lait de brebis.

Dégustation

Caillé assez compact à l'odeur lactique, la caillebotte se découpe en cubes ; on la trouve en vrac ou conditionnée dans des pots en terre cuite. Elle se déguste salée ou sucrée. Le lait est parfois aromatisé en cours de fabrication avec des feuilles de laurier, qui communiquent une saveur particulière au fromage.

DEMI-SEL

FROMAGE FRAIS

- **origine** / Normandie
- **lait** / vache
- **matières grasses** / 18 à 22 %
- **meilleures saisons** / toute l'année
- **forme** / carré
- **dimensions** / 6 cm de côté, 2 cm d'épaisseur
- **poids** / 75 à 100 g
- **goût** / frais, salé
- **texture** / crémeuse

Vendu emballé dans un papier à la marque du fabricant, le demi-sel a été inventé en 1872 par M. Pommel, à Gournay-en-Bray, un village de Seine-Maritime.

Dégustation

Le demi-sel est une pâte fraîche salée qui se tartine facilement. Si vous organisez un buffet, il recouvrira avec bonheur des petits canapés, sur lesquels vous déposerez quelques brins de ciboulette. On l'utilise de la même façon que le chèvre frais dans de nombreuses préparations culinaires. Je vous le recommande pour farcir une volaille.

FONTAINEBLEAU

FROMAGE FRAIS

- **origine** / Île-de-France
- **lait** / vache
- **matières grasses** / 30 à 35 %
- **meilleures saisons** / toute l'année
- **forme** / variable, selon le récipient
- **dimensions** / variables
- **poids** / variable
- **goût** / doux
- **texture** / vaporeuse, comme une crème Chantilly

Enveloppé dans une mousseline, le fontainebleau est présenté dans un petit récipient en carton paraffiné. Il est constitué d'un mélange de crème fraîche et de fromage blanc ni affiné ni salé.
Pour obtenir 500 g de fontainebleau, il faut 350 g de fromage blanc gras égoutté pendant vingt-quatre heures et 150 g de crème. On bat séparément le fromage blanc et la crème, avant de les mélanger et de les fouetter ensemble.

Dégustation

Le fontainebleau est un fromage frais proche d'une chantilly légère, délicieux avec des fruits rouges.

PETIT-SUISSE

FROMAGE FRAIS

- **origine** / toute la France
- **lait** / vache
- **matières grasses** / 30 ou 38 %
- **meilleures saisons** / toute l'année
- **forme** / petit cylindre
- **dimensions** / 3 cm de diamètre, 4 cm d'épaisseur
- **poids** / 30 g (ou 60 g pour le suisse double)
- **goût** / doux
- **texture** / très crémeuse

Qui ne connaît pas le petit-suisse ? L'histoire de ce petit fromage frais mérite d'être racontée…

Dans les années 1850, Mme Héroult dirigeait une laiterie à Villers-sur-Auchy, un village de l'Oise. Elle fabriquait des fromages blancs égouttés, qu'elle vendait à Paris. Un de ses employés, d'origine suisse, lui suggéra un jour d'ajouter de la crème à son fromage blanc. Elle suivit le conseil et expédia chaque jour ces petits fromages enrichis aux Halles, où ils étaient déposés chez un mandataire.

Très vite, ils obtinrent un grand succès. Un commis du mandataire, nommé Charles Gervais, s'intéressa à cette fabrication. Il s'associa avec Mme Héroult : le petit-suisse était né ! La première laiterie Gervais fut créée à Ferrières, près de Gournay-en-Bray. Là, les petits fromages furent enveloppés dans du papier paraffiné, puis rangés par boîtes de six.... La formule est restée depuis lors. Les petits-suisses fabriqués industriellement sont aujourd'hui emballés dans du plastique, mais il existe encore des petites laiteries qui les commercialisent dans des boîtes en carton.

Dégustation

Je ne vous apprendrai probablement rien en vous indiquant que le petit-suisse est le dessert idéal des tout jeunes enfants. Mais les grands enfants auraient tort de bouder leur plaisir... Je connais plus d'un adulte prêt à déguster des petits-suisses, pour peu qu'il les trouve dans une de ces boîtes en carton qui lui rappellera son enfance. Dans le domaine des préparations culinaires, le petit-suisse est idéal pour farcir les volailles avant de les faire rôtir.

SAINTE-GERMAINE

FROMAGE FRAIS

Ce chèvre frais a été baptisé « sainte-germaine » par mon père en souvenir de Mémé Germaine, une vieille dame qui venait souvent donner un coup de main à la boutique de mes parents.

Dégustation

Le sainte-germaine se mange plutôt salé, mais certains amateurs préfèrent le sucrer. Il est aussi utilisé dans des préparations culinaires : bien égoutté, il remplace la mozzarella qui accompagne les tomates ; malaxé avec de l'huile d'olive et des herbes aromatiques, il remplit des tomates évidées. Pour ma part, je l'aime nature, quand il fait très chaud, avec un gamay de Touraine frais.

- **origine** / toutes les régions productrices de fromage de chèvre
- **lait** / chèvre
- **matières grasses** / variable, selon les saisons
- **meilleures saisons** / printemps, été
- **forme** / variable, selon le moule
- **dimensions** / variables
- **poids** / variable
- **goût** / doux
- **texture** / moelleuse

CANCOILLOTTE

FROMAGE FONDU

En Franche-Comté, le comté s'appelle « le fromage », le vacherin « la boîte » et la cancoillotte « la colle ». Les rôles sont distribués, et la cancoillotte n'a pas le premier.

Recette traditionnelle

La cancoillotte est fabriquée avec du petit-lait précipité dans une bassine. Il s'amalgame, forme des grumeaux, et on peut alors lui donner la forme d'une boule : c'est le metton. On verse ensuite le metton dans une boîte en bois et on le laisse sécher. (Jadis, on le plaçait pour cela au pied du lit, sous les pieds des dormeurs.)

Dès que le metton a pris une couleur jaune foncé et qu'il ne reste plus aucun grumeau blanc, on le fait fondre à feu très doux dans une casserole à fond épais, avec quelques cuillerées d'eau chaude salée. Quand le fromage commence à se liquéfier, on ajoute de l'eau chaude très progressivement. (Pour 500 g de metton, il faut environ 5 cl d'eau.) Puis on verse dans la casserole un gros morceau de beurre (égal à 30 % du poids de départ du metton). La pâte se détend et devient fluide. On rectifie l'assaisonnement avec du sel, du poivre, éventuellement du vin blanc et de l'ail. Quand la pâte est liquide, on la verse dans des récipients : ainsi naît la cancoillotte, que l'on peut conserver durant quatre ou cinq jours dans un endroit frais. Les meilleures cancoillottes se dégustent sur place, en Franche-Comté.

- **origine** / Franche-Comté
- **lait** / vache (petit-lait)
- **matières grasses** / indéterminé
- **meilleures saisons** / toute l'année
- **forme** / en boîte ou dans un bol en grès
- **dimensions** / variables, selon le récipient
- **poids** / variable (souvent en boîtes de 300 à 350 g)
- **goût** / aromatique
- **texture** / crémeuse

Dégustation

Les Francs-Comtois, surtout s'ils sont exilés loin de leur province natale, raffolent de la cancoillotte. Les autres n'apprécient en général ce fromage que s'il est très bien fait. Si vous ne connaissez pas, essayez la cancoillotte avec des pommes de terre pour un repas du soir. C'est la façon la plus simple et la plus savoureuse de la consommer.

CRÈME de GRUYÈRE

FROMAGE FONDU

- **origine** / Suisse
- **lait** / vache
- **matières grasses** / 22 %
- **meilleures saisons** / toute l'année
- **forme** / en boîte
- **dimensions** / portions individuelles
- **poids** / variable
- **goût** / doux
- **texture** / crémeuse

La consommation de fromages fondus est assez faible en France, mais elle est beaucoup plus importante dans d'autres pays européens, en Allemagne par exemple. Tous les fromages fondus se tartinent aisément. Ils doivent leur succès non pas à leurs qualités gustatives, mais au fait qu'ils sont faciles à conserver et à transporter.
La dénomination « crème de… » est réservée aux fromages fondus dans lesquels le fromage cité constitue la matière première principale.

Une création suisse

La crème de gruyère, par exemple, a été inventée par les Suisses en 1908, afin d'écouler les fromages qui présentaient des défauts. Ne sachant pas toujours quoi faire des morceaux d'emmental impropres à la vente, les producteurs eurent l'idée de les refondre : ainsi naquirent les premières crèmes de gruyère. La plus célèbre est sans doute La Vache qui rit, créée en 1921 par Léon Bel.

Dégustation

Dans le passé, les crèmes de gruyère ont parfois été aromatisées, mais cette mode tend à disparaître. Au cours des années 1960, il existait une excellente crème de gruyère aromatisée au jambon, vendue en boîte. L'idée a séduit un industriel, qui l'a commercialisée dans une version minuscule baptisée *Apéricubes*, en des portions si petites qu'on n'a pas le temps de savoir quel goût a réellement le fromage avant de l'avoir avalé ! Personnellement, je préfère de loin offrir pour l'apéritif des petits morceaux de comté à mes convives.
La malléabilité de cette pâte l'a d'ailleurs conduite à être aromatisée avec tout et n'importe quoi : poivre, oignons, fruits de mer, olives…

Les COUSINS EUROPÉENS

La France est un très grand pays de fromages, que ce soit par la variété de ses produits, leur diversité ou leur abondance. Une telle richesse est unique au monde et défendre nos traditions fromagères revient, en fait, à tenter de préserver une partie du patrimoine gastronomique de l'humanité.

Toutefois, il existe aussi d'excellents fromages hors de nos frontières, qu'un amateur éclairé ne peut ignorer. C'est pourquoi je vous livre ici une sélection des fromages européens les plus connus.

Dans l'Europe des fromages, le Nord s'oppose au Sud. Le premier ne jure que par le lait pasteurisé. Le second refuse de stériliser systématiquement le lait, afin de préserver les goûts originaux et les saveurs uniques des fromages au lait cru.

APPENZELLER

Autre nom : appenzell

- **origine** / canton d'Appenzell (Suisse)
- **lait** / vache
- **matières grasses** / 48 %
- **pâte** / pressée cuite
- **meilleures saisons** / toute l'année
- **forme** / cylindre
- **dimensions** / 30 à 33 cm de diamètre, 7 à 9 cm d'épaisseur
- **poids** / 6 à 8 kg
- **goût** / corsé
- **texture** / ferme

L'appenzeller existait déjà au XIIIe siècle, mais on l'appelait alors *zinskäs*, *rütkäs* ou *alpkäs*. Autrefois, l'affinage était pratiqué avec une saumure aromatisée dont chaque producteur gardait jalousement le secret. Vin blanc, poivre et épices donnaient à chaque cru son goût particulier. L'appenzeller est aujourd'hui affiné avec une saumure aux herbes dont la recette est tenue secrète.

Dégustation

Comme tous les fromages suisses, l'appenzeller a du goût, mais pas trop. Il présente des trous de la grosseur d'un petit pois.

BLUE STILTON CHEESE

Autre nom : stilton

- **origine** / comté de Leicestershire (Angleterre)
- **lait** / vache
- **matières grasses** / 28 à 32 %
- **pâte** / persillée
- **meilleures saisons** / automne, hiver, début du printemps
- **forme** / cylindre épais
- **dimensions** / 15 cm de diamètre, 25 à 30 cm d'épaisseur
- **poids** / 4 à 6 kg
- **goût** / relevé
- **texture** / onctueuse

Très vieux fromage anglais, le blue stilton cheese a acquis depuis fort longtemps une réputation internationale. Son ancêtre, un gros fromage à pâte persillée beurrée et très grasse, était déjà mentionné dans des archives qui remontent au début du XVIIIe siècle.

Le fleuron des fromages britanniques

Le stilton est très certainement le plus grand fromage britannique d'aujourd'hui. Il a pris le nom d'une petite ville du comté du Leicestershire, dans le centre de l'Angleterre, mais, de nos jours, la meilleure production provient de Melton Mowbray.

La fabrication du stilton s'apparente à celle de la fourme d'Ambert française. La croûte du fromage est ridée, avec des moisissures grises, et sa pâte présente une jolie couleur crème, veinée de bleu-vert.

Dégustation

La saveur piquante du stilton est adoucie par la texture beurrée de sa chair. Je vous recommande de le déguster à l'anglaise, avec du porto. L'association est extraordinaire. La mode s'en était d'ailleurs répandue en France, il y a plus d'une vingtaine d'années maintenant, selon la recette suivante (on peut préparer la fourme d'Ambert de la même façon) : prenez un bon morceau de stilton ; creusez-le en son centre et versez du porto dans la partie évidée ; laissez macérer durant quatre à cinq jours avant de servir. Dans les années 1970, on le dégustait sur des crackers (petits biscuits salés). Aujourd'hui, le stilton au porto a quasiment disparu des tables françaises. C'est dommage ! Il est vrai que cette présentation serait sans doute plus adaptée, désormais, pour un buffet ou à l'occasion d'un cocktail.
Outre le porto, les Britanniques dégustent aussi volontiers le stilton avec du madère ou du sherry (xérès).

CHEDDAR

Autre nom : west country farmhouse cheddar cheese

- **origine** / Somerset (Angleterre)
- **lait** / vache
- **matières grasses** / 24 %
- **pâte** / pressée non cuite
- **meilleures saisons** / toute l'année
- **forme** / cylindre
- **dimensions** / 35 à 45 cm de diamètre, 35 à 40 cm d'épaisseur
- **poids** / 28 à 33 kg
- **goût** / doux
- **texture** / un peu friable

Ce fromage à pâte pressée non cuite a pris le nom du village du Somerset, en Angleterre, qui le fabriquait depuis la fin du XVIe siècle – mais n'en produit plus aujourd'hui ! C'est l'un des fromages les plus imités au monde : il est fabriqué aux États-Unis, en Europe, en Russie… Les imitations se reconnaissent à leur pâte orangée. Le véritable cheddar, lui, a une pâte blanc/jaune.

Dégustation

Le cheddar se sert au petit déjeuner, en collation et dans les salades composées.

ÉDAM

Autre nom : noord-hollandse edammer

- **origine** / province de Noord-Holland (Pays-Bas)
- **lait** / vache
- **matières grasses** / 20 à 28 %
- **pâte** / pressée non cuite
- **meilleures saisons** / toute l'année
- **forme** / boule
- **dimensions** / 12 à 13 cm de diamètre
- **poids** / 1,5 à 1,7 kg
- **goût** / doux
- **texture** / souple

L'édam se présente sous la forme d'une boule paraffinée de couleur rouge, avec marquage sous la croûte. L'affinage dure de deux à dix-huit mois. Ce fromage se transporte facilement, car sa croûte en paraffine lui évite de s'abîmer. Est-ce à cause de ses qualités pour l'exportation ? En tout cas, il a lui aussi été imité un peu partout dans le monde.

Dégustation

Comme le gouda, l'édam peut être consommé tendre, demi-étuvé ou étuvé. Dans la mesure du possible, vous choisirez un *noord-hollandse edammer*, qui bénéficie d'une AOP.

EMMENTAL SUISSE

Autre nom : emmentaler (AOC suisse)

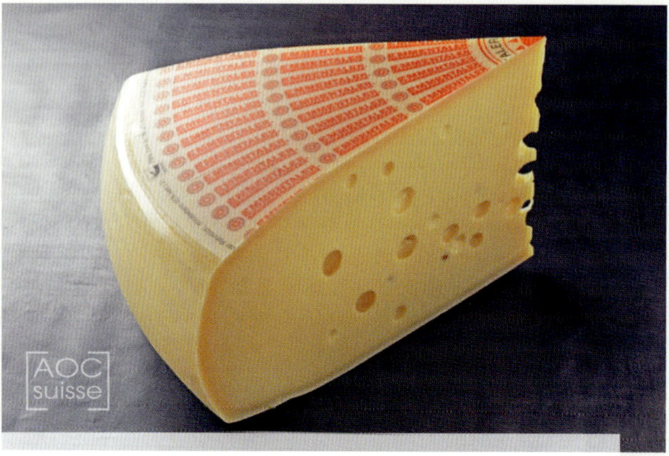

- **origine** / vallée de l'Emme et Suisse alémanique (Suisse)
- **lait** / vache
- **matières grasses** / 32 %
- **pâte** / pressée cuite
- **meilleures saisons** / toute l'année
- **forme** / meule
- **dimensions** / 70 cm à 1 m de diamètre, 14 à 25 cm d'épaisseur
- **poids** / 60 à 130 kg
- **goût** / fruité
- **texture** / ferme

On reconnaît l'emmental suisse au label *Switzerland emmentaler* écrit en rouge sur sa croûte. Il était déjà mentionné dans des archives en 1542, à l'occasion d'un don fait aux victimes d'un incendie à Langelthal. Jadis fabriqué dans les alpages, il permettait de conserver d'énormes quantités de lait. (Il faut 1 300 l de lait pour faire une meule de 130 kg !) Ces gros fromages de garde étaient consommés l'hiver.

Dégustation

Fruité, l'emmental suisse est le fromage idéal des petits en-cas.

FETA

- **origine** / Grèce
- **lait** / brebis
- **matières grasses** / indéterminé
- **pâte** / fromage frais
- **meilleures saisons** / toute l'année
- **forme** / variable, selon le récipient
- **dimensions** / variables
- **poids** / variable (souvent en pain de 1,5 kg)
- **goût** / légèrement salé
- **texture** / friable

La feta est aussi populaire autour du bassin méditerranéen que le cheddar dans les pays anglo-saxons. Grâce à elle, les Grecs tiennent le rang de premiers consommateurs de fromage par habitant dans le monde !

Dégustation

La feta est un caillé de brebis (parfois de chèvre) mis en saumure. Cette pratique avait jadis pour but de conserver le fromage sous le climat chaud de la Grèce. Elle se mange émiettée dans des salades composées ou avec des tomates. Elle est également utilisée dans la réalisation de gratins et de feuilletés.

FROMAGE de HERVE

- **origine** / plateau de Herve (Belgique)
- **lait** / vache
- **matières grasses** / 28 %
- **pâte** / molle à croûte lavée
- **meilleures saisons** / fin du printemps, été, automne
- **forme** / pain rectangulaire ou carré
- **dimensions** / 6 à 7 cm de côté, 3,5 cm d'épaisseur
- **poids** / 100 à 200 g
- **goût** / fort et puissant
- **texture** / ferme

L'origine du fromage de Herve remonte à l'époque de Charles Quint. Il s'appelait alors *remoudou*, de « remoudre », une pratique qui consistait pour les fermiers à traire de nouveau les vaches après le départ du métayer, afin de faire des petits fromages pour leur consommation personnelle.

Dégustation

En Belgique, on déguste le fromage de Herve seul, avec un sirop de pomme ou de poire. Certains amateurs l'aiment piquant ; dans ce cas, il faut pour l'apprécier le manger en buvant un café noir et fort.

GORGONZOLA

- **origine** / Lombardie (Italie)
- **lait** / vache
- **matières grasses** / 32 %
- **pâte** / persillée
- **meilleures saisons** / toute l'année
- **forme** / cylindre
- **dimensions** / 25 à 30 cm de diamètre, 16 à 20 cm d'épaisseur
- **poids** / 6 à 12 kg
- **goût** / fruité
- **texture** / crémeuse

Situé au pied des Alpes lombardes, dans la plaine du Pô, le village de Gorgonzola constituait jadis une étape importante pour les troupeaux de vaches en transhumance, quand ils redescendaient des pâturages d'altitude. Après avoir marché pendant des heures et des heures, les animaux étaient fatigués, ce qui se dit *stracco* en lombard et a conduit au terme *stracchino di Gorgonzola*, ensuite simplifié en gorgonzola.

Ce fromage existe au moins depuis le Xe siècle. En ces temps reculés, il était mûri dans les grottes naturelles de la vallée de Valsassina, qui permettaient le développement de la moisissure bleue. Souvent affiné dans des caves artificielles, il est de nos jours produit au sein d'une zone géographique beaucoup plus

vaste, qui inclut les provinces de Bergame, Brescia, Côme, Crémon, Cuneo, Milan, Novare, Pavie et Vercelli.
Le gorgonzola a obtenu dès 1955 une appellation d'origine qui le protège au niveau européen. Par ailleurs, un consortium de défense du fromage a été constitué dans les années 1970.

Dégustation

Avec sa chair tendre marbrée de bleu, le gorgonzola est vraiment un fromage de fin de repas, tout à fait à sa place sur un plateau au milieu d'autres pâtes. De fait, il s'apparente à tous les bleus fabriqués avec du lait de vache, comme le bleu de Gex ou la fourme d'Ambert, notamment. Sa saveur est assez relevée.
On utilise également le gorgonzola en cuisine. Il entre dans la préparation de nombreuses recettes traditionnelles italiennes, en particulier avec des pâtes et sur des pizzas.

GOUDA VIEUX

Autre nom : noord-hollandse gouda

La vieille ville de Gouda, aux Pays-Bas, a donné son nom au plus célèbre des fromages hollandais. Si vous y passez, visitez la *waagehuis*, un bâtiment gothique ancien où les fromages sont pesés depuis le Moyen Âge… Et n'oubliez pas de rapporter du gouda, bien sûr !

Méfiez-vous des imitations !

Comme tous les fromages hollandais, le gouda a été beaucoup imité, un peu partout dans le monde. Il a obtenu une appellation d'origine, sous l'appellation noord-hollandse gouda. En revanche, le nom gouda ne bénéficie d'aucune protection. Pour être sûr de la provenance et de la qualité du fromage, il faut donc lire soigneusement le marquage sur la croûte : toutes les meules sont identifiées par une plaque de caséine.

- **origine** / province de Zuid-Holland (Pays-Bas)
- **lait** / vache
- **matières grasses** / 40 à 48 %
- **pâte** / pressée non cuite
- **meilleures saisons** / toute l'année
- **forme** / petite meule
- **dimensions** / 30 à 35 cm de diamètre, 7,5 à 12 cm d'épaisseur
- **poids** / 4,5 à 11 kg en moyenne (jusqu'à 22 kg)
- **goût** / doux à fruité
- **texture** / ferme à sèche

Dégustation

Pâte pressée non cuite, le gouda se consomme à différents stades de vieillissement : tendre (deux mois d'affinage), demi-étuvé (six mois) et étuvé (plus de six mois). Autrefois, les goudas subissaient un vieillissement lent qui leur permettait de perdre leur eau. De nos jours, les fromages sont passés dans des étuves chauffées qui activent la déshydratation de la pâte et ils deviennent vieux plus rapidement. Il existe deux goudas : l'un à 40 % de matières grasses, l'autre à 48 % (ce dernier est dit *volvet*). Le gouda est parfois aromatisé, le plus souvent avec du cumin, mais aussi avec des graines de moutarde.
Jeune ou demi-étuvé, le gouda se mange en toute circonstance, découpé en lamelles. Vieux (étuvé), vous le dégusterez accompagné d'un grand cru, car il exalte la saveur du vin sans imposer son goût – qui en devient admirable !

GRUYÈRE

- **origine** / Gruyère et régions limitrophes de Suisse romande
- **lait** / vache
- **matières grasses** / 34 %
- **pâte** / pressée cuite
- **meilleures saisons** / toute l'année
- **forme** / meule
- **dimensions** / 40 à 65 cm de diamètre, 9 à 13 cm d'épaisseur
- **poids** / 20 à 45 kg
- **goût** / fruité
- **texture** / ferme

Ce fromage très ancien est fabriqué depuis le XIIIe siècle. Avant toute chose, il faut préciser que le gruyère n'a pas de trous. En France, le gruyère (suisse) est appelé *fribourg*, sans doute parce qu'il est fabriqué dans le canton de Fribourg, à Gruyères. Et pour compliquer le tout, les Français ont pris l'habitude d'appeler leur emmental « gruyère » ! Il est vrai que les deux fromages sont proches, mais l'emmental, lui, a des trous. La seule logique dans cet imbroglio de noms est qu'ils désignent tous des pâtes pressées cuites.

Le gruyère des Suisses

Cette confusion dans le vocabulaire a connu des développements juridiques comiques. Lors de la convention de Stresa,

en 1952, la Suisse et la France ont toutes deux obtenu le droit d'utiliser le mot « gruyère » pour désigner leurs grands fromages de garde ; toutefois, les Français devaient ajouter l'adjectif « français », et ne pouvaient donc utiliser que la dénomination « gruyère français ». Or, aujourd'hui, selon la législation française, seul le comté a le droit d'utiliser le terme « gruyère », sous la forme « gruyère de comté ». (Pour plus de précisions, reportez-vous à ce fromage.)
Les Suisses s'amusent de notre manque total de rigueur en la matière : comment comprendre que nous appelions *fribourg* un fromage fabriqué à Gruyères – dont ils estiment par ailleurs avoir l'exclusivité du nom ? Si ces précisions lexicographiques vous paraissent obscures, passez me voir à la boutique, je vous donnerai volontiers quelques éclaircissements supplémentaires…

Dégustation

Le gruyère (suisse, donc !) nécessite de quatre à six mois d'affinage, mais il peut être mangé plus vieux. Il s'apparente par sa saveur au comté (français). Vous privilégierez les fromages d'été, fabriqués entre la fin du printemps et le début de l'automne.

MANCHEGO

Autre nom : queso manchego

Le manchego bénéficie d'une appellation d'origine depuis 1984. Son nom provient tout simplement de sa région d'origine, la Manche (*Manchega*, en espagnol) ; il est fabriqué là-bas depuis des temps immémoriaux, puisque son histoire remonterait au IIe millénaire avant J.-C. ! Au début du XVIIe siècle, Cervantès le citait dans son célèbre *Don Quichotte*. Il est de nos jours le fromage espagnol le plus connu.

- **origine** / Manche (Espagne)
- **lait** / brebis
- **matières grasses** / 24 %
- **pâte** / pressée non cuite
- **meilleures saisons** / toute l'année
- **forme** / meule
- **dimensions** / 9 à 22 cm de diamètre, 7 à 12 cm d'épaisseur
- **poids** / 1 à 3,5 kg
- **goût** / fruité
- **texture** / ferme

Dégustation

Vendu après deux mois d'affinage au minimum, le manchego offre une pâte assez compacte qui ressemble un peu à celle de l'ossau-iraty pyrénéen.

MOZZARELLA di BUFALA CAMPANA

Autres noms : mozzarella, mozzarella di bufala

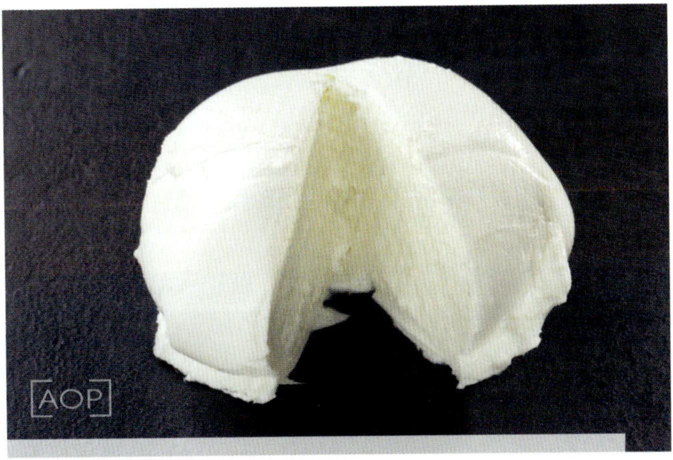

- **origine** / Campanie (Italie)
- **lait** / bufflonne ou vache
- **matières grasses** / 28 %
- **pâte** / fromage frais
- **meilleures saisons** / toute l'année
- **forme** / variable, selon la forme du récipient (souvent en boule)
- **dimensions** / variables
- **poids** / 500 g à 1 kg
- **goût** / doux
- **texture** / moelleuse

Il existe une AOP *mozzarella di bufala campana*, mais la protection du nom *mozzarella* n'a pas été demandée par les Italiens. L'AOP garantit un fromage de qualité. Toutefois, en France, on la trouve plus souvent sans AOP, généralement fabriquée avec du lait de vache à la saveur peu intéressante. Elle se présente parfois sous la forme de très petites boules, qui pèsent environ 20 g et prennent le nom de *bocconcini*.

Au lait de bufflonne

Beaucoup de consommateurs français ne connaissent pas la véritable mozzarella italienne, fabriquée avec du lait de bufflonne, car sont surtout commercialisées de nombreuses imitations plus ou moins insipides. La saveur de la mozzarella de bufflonne est pourtant incomparable… Elle transfigure – vraiment ! – n'importe quelle pizza ou salade de tomates.

Dégustation

La mozzarella doit être consommée aussitôt que possible après sa fabrication. Dégusté très frais, ce genre de fromage conserve en effet toute sa saveur. Si vous visitez la région de Naples, je vous recommande de déguster de la mozzarella fabriquée le matin même, avec une tranche de jambon de Parme, un filet d'huile d'olive, du sel et du poivre. Avec en même temps une vue sur la baie d'Amalfi… vous vivrez une expérience inoubliable !

PARMESAN

Autre nom : parmigiano reggiano

Apprécié par les Étrusques et célébré par les Romains, le parmesan est connu depuis fort longtemps dans la péninsule italienne sous le nom de *grana* ou *grana parmigiano reggiano*. Des écrits datant du XIe siècle attestent également son existence. De nos jours encore, le cœur de sa région de production se situe en Émilie-Romagne, dans les villes de Parme et de Reggio-Emilia.
Le parmesan est mondialement connu et extrêmement contrôlé. Un consortium de défense, qui compte 651 membres, a été créé en 1934, et une AOP a été obtenue dès 1955. Les meules de parmesan sont faciles à reconnaître : les mots *parmigiano reggiano* sont inscrits dans la croûte en lettres pointillées.

Le marteau de la vérité

La fabrication du parmesan nécessite de très grandes quantités de lait, puisqu'il en faut 16 l pour obtenir 1 kg de fromage.

(Souvent, 10 l de lait de vache suffisent pour faire 1 kg de fromage.) L'affinage du parmesan dure en moyenne deux ans, mais atteint parfois quatre ans. Ce fromage présente en effet l'avantage de se conserver très longtemps et de pouvoir être consommé à différents stades de vieillissement.
Les fromagers chargés de trier les meules les « sonnent » avec un marteau. Selon le son rendu, ils savent si le fromage est sain ou s'il présente un défaut – auquel cas il est envoyé à la râpe.

- **origine** / Émilie-Romagne (Italie)
- **lait** / vache
- **matières grasses** / 32 %
- **pâte** / pressée cuite
- **meilleures saisons** / toute l'année
- **forme** / meule
- **dimensions** / 35 à 40 cm de diamètre, 18 à 25 cm d'épaisseur
- **poids** / 24 à 40 kg
- **goût** / fruité
- **texture** / friable

Dégustation

Le parmesan est l'ingrédient incontournable de la cuisine italienne, qu'il agrémente de mille façons : pâtes, soupes, risottos… Il se présente habituellement râpé. Quand il est jeune, on peut le déguster en copeaux à l'apéritif.

QUEIJO SERRA da ESTRELA

Autres noms : queijo de la serra, serra da estrela

- **origine** / région de Guarda (Portugal)
- **lait** / brebis
- **matières grasses** / 22 à 30 %
- **pâte** / pressée à croûte lavée
- **meilleures saisons** / hiver, printemps, début de l'été
- **forme** / disque assez épais
- **dimensions** / 13 à 16 cm de diamètre, 3 à 4 cm d'épaisseur
- **poids** / 500 g à 1 kg
- **goût** / fruité
- **texture** / crémeuse

Le nom *queijo serra da estrela* provient de la chaîne de montagnes du Portugal où il est fabriqué. Très prisé dans son pays d'origine, ce fromage bénéficie d'une AOP. Il est fabriqué avec du lait de brebis de la race bordaleira, qui donnent 500 l de lait en six mois de lactation.

Dégustation

Le queijo de la serra s'apparente au chevrotin français : il offre la même pâte, mais avec un goût différent. Je vous conseille de le déguster très crémeux, car c'est ainsi que vous découvrirez le mieux sa saveur exceptionnelle.

TÊTE de MOINE

- **origine** / Jura bernois (Suisse)
- **lait** / vache
- **matières grasses** / 32,5 %
- **pâte** / pressée non cuite
- **meilleures saisons** / toute l'année
- **forme** / petite meule
- **dimensions** / 10 à 15 cm de diamètre, 10 à 15 cm d'épaisseur
- **poids** / 600 g à 1,2 kg
- **goût** / fruité
- **texture** / ferme

Au XVIe siècle, les moines de Bellelay fabriquaient un fromage qui fut surnommé « tête de moine » à l'époque de la Révolution française, car on le consomme en lui faisant « une tonsure » : on enlève le dessus, puis on ôte la croûte tout autour, en haut du fromage, et on le découpe en raclant finement la chair avec un couteau ou un appareil appelé « girolle ». On obtient des copeaux qui ont la forme de petites girolles.

Dégustation

Ce fromage fruité est idéal à l'apéritif ou au goûter. Sa présentation en petits copeaux est du plus bel effet.

L'ART de SAVOURER les FROMAGES

LE FROMAGE et SES VERTUS

Jadis, le fromage constituait avant tout un aliment rustique, destiné à accompagner le pain des travailleurs. Il servait à nourrir les êtres humains, et c'était déjà beaucoup. À cette fonction purement nutritive s'ajoutèrent progressivement des qualités gastronomiques et, au XIXe siècle, les sphères plus aisées de la société classaient les fromages parmi les desserts et les dégustaient pour le plaisir du palais.

Au XXe siècle, les diététiciens ont confirmé les vertus alimentaires du fromage. Ils ont insisté sur son rôle dans l'alimentation, tant pour contribuer à la croissance des enfants que pour préserver la solidité des os de tous. Les gastronomes, quant à eux, continuent à le déguster avec plaisir et les vrais amateurs s'inquiètent de voir disparaître quelques-unes des spécialités qu'ils appréciaient.

Aujourd'hui, à l'heure de l'abondance, une nouvelle tendance se dessine, plus frileuse. Les yeux rivés sur leur balance, les personnes soucieuses de leur ligne se défient du fromage, lui reprochant d'être trop gras. Il faut à ce sujet se méfier de certaines idées préconçues, notamment en ce qui concerne la teneur réelle des différents fromages en matières grasses. Mais commençons par quelques notions de valeur alimentaire…

UN PEU DE DIÉTÉTIQUE

Le fromage est un aliment énergétique. Il contient beaucoup de protéines, de lipides (les fameuses matières grasses) et de calcium. Enfin, il est riche en vitamines A et B.

Protéines, calcium et vitamines

Avec la viande, le poisson et le lait, le fromage constitue une excellente source de protéines animales, qui présentent l'avantage d'être plus digestes que celles du lait, mal supportées par de nombreux adultes.
Les fromages sont également riches en calcium, comme tous les produits laitiers : seuls les aliments de cette catégorie peuvent couvrir tous les besoins d'un organisme humain, d'où l'intérêt de les consommer à tous les âges de la vie. Les fromages à pâte pressée et les persillés ont les plus fortes teneurs en calcium ; parmi les pâtes molles, le pont-l'évêque, le livarot et le munster en totalisent plus que le camembert ou le brie.
On trouve aussi d'autres sels minéraux dans le fromage, en quantités plus négligeables. Ainsi, les pâtes persillées contiennent du phosphore.
Enfin, les fromages comportent beaucoup de vitamines B et l'on retrouve dans les plus riches d'entre eux une partie de la vitamine A présente dans la matière grasse du lait.

Les teneurs en matières grasses

Ah, les matières grasses ! Combien de fois ai-je entendu un client ou une cliente me demander : « Un petit morceau d'un fromage pas trop gras, s'il vous plaît, parce que je dois faire attention à ma ligne… » Le fromage est redouté par celles et ceux qui suivent un régime, que ce soit pour rester mince ou pour des raisons médicales. Dans ce dernier cas, les diététiciens sont tout à fait compétents pour conseiller leurs patients, et je ne m'immiscerai pas dans leurs prescriptions. Mais, pour tous les autres, pour tous mes contemporains obsédés par leur balance, leurs formes et leur tour de taille, je me dois de rectifier certaines idées fausses.
Certes, les fromages contiennent des matières grasses, dans une proportion qui varie de l'un à l'autre. Mais ne vous fiez pas à l'apparence de la pâte : les fromages les plus gras ne sont pas ceux que l'on croit… Retenez cette idée générale :

les fromages frais sont les moins gras, viennent ensuite les pâtes molles, puis les persillés et enfin les pâtes pressées non cuites et cuites. Ainsi, je conseille souvent à mes clients soucieux de leur ligne de choisir un demi-camembert. Le mode de calcul des matières grasses a varié au cours du temps, mais la réalité reste toujours la même : plus un fromage est moelleux, moins il est riche en matières grasses, et plus il est sec, plus il en contient !
Depuis la publication du décret du 27 avril 2007 relatif aux fromages et spécialités fromagères, la teneur en matières grasses est calculée sur le produit fini. Cette nouvelle législation rend les taux de matières grasses immédiatement compréhensibles pour les consommateurs. (Ce pourcentage était auparavant calculé sur l'extrait sec du fromage, donnant un résultat difficile à décrypter pour les néophytes.) Elle présente en outre l'avantage d'aboutir à une harmonisation européenne.
Inutile de préciser que la mode de l'allégé est, à mon avis, un non-sens à la fois diététique et gustatif. Quel est l'intérêt d'acheter de la tomme allégée à 20 % ? Personnellement, je n'en vois aucun. En effet, malgré l'apparente faiblesse du nombre 20, cette tomme allégée conserve une teneur réelle en matières grasses qui est loin d'être négligeable. En revanche, outre ses vitamines, elle a généralement perdu toute la saveur qui fait de la tomme un bon fromage.

VERTUS GASTRONOMIQUES

À force d'envisager la nourriture avec une calculette pour la convertir en nombre de calories, teneur en nutriments, vitamines et taux de matières grasses, on en arrive parfois à oublier tout l'intérêt de ce qui n'est pas quantifiable. Le fromage a d'autres qualités que strictement nutritives : c'est aussi un mets savoureux. En fait, il constitue à lui seul tout un pan de la gastronomie française, domaine des expériences tangibles et des vertus insaisissables qui contribuent tant à la qualité de la vie. N'oubliez jamais que, au-delà de leurs vertus diététiques, les fromages favorisent la convivialité d'un repas entre amis. Offrir à ses invités de bons fromages, accompagnés d'un vin choisi, est une façon de les convier au plaisir le plus simple et le plus agréable qui soit : celui de la table !

ACHAT et CONSERVATION

Sans doute l'avez-vous déjà constaté : un fromage est toujours meilleur dégusté près de son lieu de fabrication – meilleur et moins cher ! Si vous avez la chance d'habiter dans une région fromagère ou d'y résider le temps d'un séjour de vacances, je vous conseille donc, en premier lieu, de puiser dans la production locale pour vos achats.

Fromagers et grandes surfaces

Toutefois, on peut aussi manger de très bons fromages ailleurs, heureusement ! Le meilleur endroit pour acheter de bons fromages est la boutique d'un fromager, commerçant spécialisé connaissant parfaitement les produits qu'il vend – et affine parfois. On nous reproche souvent des prix plus élevés qu'en grande surface : ils sont justifiés par la différence de qualité. Comparez un maroilles fermier fabriqué avec du lait cru, provenant d'un bon producteur, et un maroilles de fabrication industrielle vendu en grande surface : la différence saute immédiatement au palais. Vous pouvez tenter l'expérience avec la plupart des fromages : une pâte industrielle n'atteindra jamais les qualités gustatives d'un produit artisanal, à cause des techniques mêmes de fabrication. En outre, quand il est fait et affiné dans le respect des méthodes ancestrales, un même fromage fermier présente toute une gamme de nuances de goût qui n'existent pas avec les fromages industriels, auxquels le lait pasteurisé donne une saveur plus fade et constante. Cela dit, on peut trouver de bons fromages à la coupe dans les grandes surfaces. Privilégiez alors les productions locales et les fromages fermiers, demandez conseil au vendeur et faites jouer votre flair.

Il est évident que nourrir une famille revient cher et que beaucoup de budgets ne supporteraient pas l'achat quotidien de bons fromages. Aussi ai-je l'habitude de conseiller d'agir ainsi : mangez des fromages ordinaires, moins onéreux, le plus souvent ; mais faites-vous plaisir de temps à autre en achetant de très bons fromages à déguster avec des amis ou en famille.

Les saisons des fromages

Le problème de la saison des fromages est une vaste question à propos de laquelle il est difficile d'énoncer des généralités. Chaque production doit en effet être considérée en fonction de sa date et de son lieu de fabrication, ainsi que de sa durée d'affinage, si l'on veut déterminer le moment où elle parvient à parfaite maturité. Dans la fiche technique qui accompagne chaque fromage présenté dans ce livre, j'ai indiqué les meilleures saisons de consommation ; mais, pour certains fromages, il faudrait affiner cette indication en fonction de la date de fabrication et de la maturité au moment de l'achat. Néanmoins, sachez que, globalement, c'est à la fin de l'été et en automne que vous trouverez le plus de fromages au mieux de leur goût. À cette époque de l'année arrivent à maturité tous les fromages au lait cru fabriqués au printemps et en été, quand les vaches sont à l'herbage, et qui ne nécessitent qu'un affinage assez court. Pour la même raison, les fromages de chèvre, souvent affinés pendant quelques semaines seulement, donnent le meilleur d'eux-mêmes en été et au début de l'automne. Hormis ces quelques indications générales, je vous recommande de faire confiance à votre fromager, ou au vendeur du rayon à la coupe de la grande surface où vous achetez votre fromage.

Attention, fragile !

On l'ignore souvent, les fromages sont des produits fragiles qui demandent une attention particulière. C'est particulièrement vrai pour les produits fermiers et laitiers. Les fromages industriels de consommation courante fabriqués avec du lait pasteurisé offrent l'avantage de se garder un peu plus longtemps – leur date limite de consommation est d'ailleurs indiquée sur l'emballage.

Une fois achetés, les fromages doivent être conservés dans un endroit frais et humide. L'intérieur d'un garde-manger entreposé dans une cave est un endroit idéal… et rare ! Le bac à légumes du réfrigérateur convient également, à condition de ne pas sortir les fromages de leur papier d'emballage et de les placer dans une grande boîte fermée hermétiquement (ce qui évite également que les odeurs du fromage ne se répandent dans le réfrigérateur).

Quand vous avez des restes, replacez les pâtes molles à croûte fleurie dans leur emballage d'origine et enveloppez les autres fromages dans un morceau de film alimentaire, avant de les remettre dans une boîte hermétique en bas du réfrigérateur. Dans tous les cas, mangez-les rapidement ou cuisinez-les.

Il existe néanmoins quelques fromages qui sont de véritables champions de la conservation : je veux parler des chèvres très secs, des pâtes cuites, des tommes et des pâtes persillées. Si vous n'avez pas la possibilité d'acheter au fur et à mesure, vous pouvez toujours compter sur eux (conservez-les au frais enveloppés dans un film alimentaire).

L'évolution du goût

Où sont les fromages forts de jadis ? Que sont devenues les boutiques odorantes des fromagers d'autrefois ? Qui apprécie encore le parfum d'un brie, d'un munster ou même d'un maroilles ? Autres temps, autres mœurs, on veut bien aujourd'hui manger du fromage, mais à condition qu'il ne sente pas et qu'il ne soit pas trop fort en goût… J'exagère un peu, mais à peine !

La tendance est bien là, nette, ciselée jour après jour par les clients qui se succèdent dans ma boutique, inscrite dans les courbes de ventes des différents types de fromages depuis plusieurs décennies. Jusqu'à quand existera-t-il des amateurs

de maroilles, de puant de Lille, de livarot ou de munster ? Je me pose parfois la question devant l'engouement actuel pour les saint-marcellins et les reblochons, qui leur ravissent désormais la vedette. Non que ces derniers ne soient pas des fromages respectables, loin de là ! Mais la richesse naît de la diversité, que diable !
Souhaitons que la tendance actuelle, qui privilégie les pâtes douces, onctueuses et pas trop fortes en goût, n'entraîne pas la disparition des fromages puissants, aux riches saveurs de nos terroirs !

LE FROMAGE et LE PAIN

Déguster le fromage sans pain serait se priver d'une combinaison de saveurs des plus agréables. Très ancienne, l'association des deux aliments est évidente, naturelle, plus probante, même, que la combinaison toujours un peu aléatoire entre un vin et un fromage. Le pain allège et exalte le goût du fromage, et le sublime parfois. Bien choisi, il permet à la pâte d'exprimer toutes ses saveurs et de transformer la dégustation en un pur moment de bonheur ! Mais, me direz-vous, encore faut-il savoir choisir le pain en fonction du fromage. Voici quelques conseils pour vous aider.

La première règle consiste à se fier à son propre goût, à l'idée que l'on se fait de l'association des deux en bouche. Je reconnais que l'exercice n'est pas toujours facile, surtout pour des papilles néophytes en matière de fromages.

La deuxième règle, qui est d'ailleurs valable dans tous les domaines de la gastronomie, consiste à rester simple et à choisir des produits de qualité. Dans le doute, mieux vaut présenter des fromages accompagnés de morceaux d'une bonne baguette bien fraîche plutôt que de tenter des associations risquées avec des pains aux céréales ou au muesli si vous ne les maîtrisez pas parfaitement. Nombre d'amateurs préfèrent à la baguette un bon pain de campagne à mie serrée. Vous ne prendrez pas beaucoup de risques en disposant, à côté du pain blanc, des tranches d'autres pains dont chacun se servira comme bon lui semble.

La troisième règle découle de la deuxième. Avec un plateau de fromages, proposez plusieurs sortes de pain. Offrez un assortiment de trois ou quatre variétés. Même si votre choix n'est pas idéal, vos convives amateurs de fromages sauront se servir en fonction de leurs propres goûts. Bien entendu, de bons fromages exigent d'être accompagnés par des pains achetés dans une bonne boulangerie.

Associations classiques

J'ai réservé pour la fin les associations classiques pain/fromage sur lesquelles un relatif consensus s'est établi. À mon avis, elles ne doivent pas être respectées aveuglément, mais adaptées avec souplesse selon les besoins du moment.

Ainsi, on propose le plus souvent le camembert avec de la baguette. Ce mariage fait tellement l'unanimité qu'il est devenu un des symboles de la gastronomie française à l'étranger. (Toutefois, de nombreux amateurs préfèrent le camembert avec du pain de campagne.)

Les pâtes molles à croûte lavée, surtout si elles ont un peu de puissance, donnent généralement le meilleur d'elles-mêmes avec du pain complet. La douceur des doubles et triples-crèmes peut s'associer à la saveur sucrée des pains briochés. Ces derniers conviennent aussi aux chèvres pas trop secs, lesquels se marient volontiers avec du pain légèrement grillé. Les pâtes persillées sont souvent proposées avec du pain de seigle, du pain au raisin ou du pain aux noix. Les pâtes fraîches peuvent être servies avec de la baguette ou du pain viennois ; notez que ce sont les seules que l'on puisse déguster sans pain.

Je terminerai en vous livrant une de mes associations préférées : fromage de chèvre avec du pain aux olives. Goûtez, vous m'en direz des nouvelles !

Toutefois, sachez que rien ne remplace, à mon avis, un bon pain nature avec le fromage : quoi de meilleur que du pain de campagne avec du camembert ?... Que voulez-vous, j'ai des goûts simples ! Lorsque je reçois des invités, je mise sur la sobriété. Je propose avec le fromage un assortiment de trois pains : baguette fraîche, pain de campagne et une autre variété (aux céréales, par exemple). J'ajoute sur la table des coupelles avec des raisins secs, des cerneaux de noix, des tranches de pomme ou encore des préparations de fruits (figues, pommes en gelée, cerises noires), dans lesquelles chacun puise à sa guise.

LE FROMAGE et LE VIN

S'il est facile de parler légèrement du fromage et du pain, le sujet du fromage et du vin se révèle beaucoup plus savant. On ne plaisante pas avec le vin, pilier de la gastronomie française encore plus solide et plus prestigieux que le fromage. Et l'association des deux mérite d'être envisagée avec discernement, car un mauvais mariage d'un excellent fromage avec un grand cru peut conduire à un vrai désastre gastronomique !

Je n'ai pas voulu conseiller un vin pour chaque fromage présenté dans ce livre. La raison en est simple : avec la majorité des fromages, l'exercice me paraît aussi périlleux qu'artificiel, surtout à notre époque, où le service des vins à table s'est considérablement simplifié. Rares sont désormais les repas comptant quatre ou cinq crus différents, et le plateau de fromages est souvent accompagné du même vin que le plat qui l'a précédé. De toute façon, vous ne proposerez pas autant de crus que de fromages sur votre plateau… Par ailleurs, le choix du vin dépend grandement des autres mets du repas, et notamment du dessert.

Il existe néanmoins des associations absolument admirables, parfois peu connues des néophytes, comme celle du roquefort et du porto. Le cas échéant, je les ai mentionnées dans les fiches de présentation des fromages. Je vous les recommande.

LES GRANDS PRINCIPES

Non, le vin rouge n'est pas toujours la boisson idéale pour accompagner le fromage ! Au risque de choquer certaines convictions, je l'affirme haut et clair : cette idée, encore largement répandue, est fausse. Elle provient de la pratique empirique qui consiste, au cours d'un repas, à proposer le vin rouge qui a accompagné la viande avec le plateau de fromages qui la suit. Si cet usage est sage et convient effectivement dans la majorité des cas, on a tort, en revanche, d'en déduire que les fromages doivent toujours être associés aux vins rouges.

Vins rouges, vins blancs...

Les vins blancs accompagnent en effet avec bonheur nombre de fromages, notamment les chèvres et les pâtes persillées. Ces dernières se marient ainsi sans problème avec le rivesaltes. Les pâtes molles à croûte lavée de saveur puissante sont souvent exaltées par un vin blanc moelleux et parfumé. (Associez par exemple le munster à un gewurztraminer – tous deux produits en Alsace.) Les pâtes pressées cuites s'harmonisent volontiers avec un vin blanc fruité, de même que les pâtes fraîches. (Le comté et le vin jaune du Jura forment un mariage impérial.) Quant aux chèvres, ils s'accordent admirablement avec les vins blancs secs et fruités de leur région de production. (Crottin de Chavignol ou pouligny-saint-pierre et sancerre constituent des associations classiques et savoureuses.)
Les vins rouges, eux, conviennent tout particulièrement aux pâtes molles, que ce soit à croûte fleurie ou à croûte lavée ; vous les choisirez plus légers avec les premières et plus corsés avec les secondes. Les rouges légers s'accordent avec beaucoup de chèvres frais ou pas trop secs, pour peu qu'ils soient de la même région de production. Les pâtes pressées cuites, comme le comté ou le beaufort, peuvent être exaltées par un grand

cru rouge du Bordelais. Les pâtes persillées donnent souvent le meilleur d'elles-mêmes avec un châteauneuf-du-pape.

... et autres nectars

Que les amateurs de rosé ne se désespèrent pas : il existe également de multiples façons d'associer le fromage à leur vin préféré. Les chèvres de Provence et certaines pâtes fraîches, notamment, s'harmonisent volontiers avec le rosé.
Le champagne forme avec les doubles et triples-crèmes une harmonie pétillante très agréable. Le porto transforme le roquefort en un véritable dessert. Le cidre valorise le camembert de Normandie et le livarot. La bière exalte le goût du maroilles et du munster. Le puant de Lille, un fromage très puissant, se déguste avec une bière du Nord ou encore avec du café fort (autre breuvage très apprécié dans le Nord, mais nous quittons là le domaine des vins et des alcools). Enfin, certains amateurs consomment les fromages forts affinés au marc avec de l'eau-de-vie de la région de production.

Associations régionales

En fait, les meilleurs mariages associent souvent fromages et vins d'un même terroir. N'hésitez pas à jouer cette carte régionale et à choisir un vin de l'aire de production du fromage. En agissant ainsi, à défaut d'obtenir la meilleure harmonie, vous ne risquez guère de commettre de grosses erreurs.

DANS LA PRATIQUE

Avant tout achat, il faut associer par l'imagination le vin au fromage. Vous aurez parfois intérêt à marier les semblables, en restant dans le même registre de saveurs : doux, sec, onctueux, fruité, fort... Avec d'autres fromages, vous jouerez la carte des contraires, en proposant un vin léger avec une pâte au goût corsé, un vin légèrement acide avec un fromage doux pour en relever le goût, une boisson pétillante avec une pâte à texture crémeuse. Goûtez, appréciez, comparez : rien ne remplace la pratique dans ce domaine !... Avec un peu d'entraînement et d'expérience, vous parviendrez à créer vos propres accords vin/fromages sans trop de problèmes en fonction des besoins

du moment. À l'attention des néophytes, je résume dans le tableau ci-dessous les grands types d'associations possibles entre les fromages et les vins. Au départ, vous pourrez vous en inspirer… tout en gardant à l'esprit les remarques énoncées précédemment. Le but est, bien sûr, de parvenir à jongler soi-même avec les goûts, les saveurs et les textures.
En guise de conclusion sur ce sujet délicat, je vous donnerai un conseil que j'ai souvent entendu proférer : n'hésitez pas à laisser libre cours à votre fantaisie. Un sage avis, que je vous recommande de méditer… et de suivre ! En effet, tout comme il existe de bonnes et de moins bonnes cuvées pour les vins, un même fromage présente lui aussi des saveurs variables dans le temps. C'est pourquoi il est extrêmement difficile de réussir à tous les coups dans les associations entre les vins et les fromages. Un mariage splendide une année pourra se révéler décevant l'année suivante. Alors, restons humble, et sachons apprécier le plaisir à sa juste mesure quand nous avons l'occasion de savourer une association sublime.

VINS ET FROMAGES

• **TYPES DE FROMAGES** / ASSOCIATION POSSIBLE AVEC…

- **pâtes molles à croûte fleurie** / vins rouges légers (beaujolais)
- **doubles et triples-crèmes** / champagne
- **pâtes molles à croûte lavée** / vins rouges plutôt corsés (cahors)
- **pâtes pressées non cuites** / vins rouges légers et fruités (saint-pourçain)
- **pâtes pressées cuites** / vins blancs fruités (vin jaune du Jura), vins rouges (bordeaux grand cru)
- **pâtes persillées au lait de vache** / vins blancs moelleux, vins rouges corsés ou fruités, rivesaltes
- **roquefort** / rivesaltes ou porto
- **chèvres** / vins blancs de la même région que le fromage (sancerre, pouilly fumé), vins rouges légers, rosés
- **brebis** / vins rouges (côtes-du-rhône, châteauneuf-du-pape)
- **fromages frais** / vins légers et fruités, blancs ou rosés
- **fromages fondus** / vins secs et légers, rouges, blancs ou rosés

QUAND DÉGUSTER les FROMAGES ?

Le matin, à 10 heures, à midi, à 16 heures, le soir ou au beau milieu de la nuit… Le fromage peut se déguster à toute heure ! Associé à du pain, il est même l'aliment idéal pour combler une petite faim survenant à n'importe quel moment de la journée.

Les repas

La dégustation la plus classique du fromage a lieu au moment des repas ; on le mange alors assis à table, servi dans une assiette.
Pour un petit déjeuner, l'habitude consiste à offrir surtout des fromages à pâte dure et de saveur douce : comté, emmental, cantal, salers…
À l'occasion d'un brunch, on élargit un peu la palette des saveurs, plus ou moins selon l'appétit des convives pour le fromage : on ajoute des pâtes molles pas trop puissantes, des pâtes pressées un peu plus fruitées et des chèvres.
Les déjeuners et les dîners commencent souvent par un apéritif, moment idéal pour présenter des cubes de fromage. À la fin de ces deux repas, le plateau de fromages est un exercice imposé (voir p. 294), à moins que vous ne préfériez opter pour un fromage unique : brie affiné à cœur, excellent salers ou vacherin en hiver, par exemple.

Le fin du fin en matière de gastronomie fromagère consiste à préparer un repas composé uniquement de fromages. Nous pénétrons alors dans le domaine du grand art réservé aux seuls véritables amateurs (voir p. 300).

Les buffets

Les buffets fournissent eux aussi l'occasion de manger des fromages. Dans un cocktail, on trouve surtout des pâtes dures découpées en cubes (seuls ou insérés dans des petites brochettes en alternance avec des fruits ou des légumes) et des pâtes plus molles de toutes saveurs tartinées sur des canapés.
Les buffets plus importants, ayant vocation à restaurer les convives, proposent volontiers des fromages uniques, souvent de grande taille, comme les bries ou les vacherins. Mais rien n'empêche d'offrir tout un assortiment de fromages.

Les en-cas

Restent ensuite les nombreuses possibilités de consommer du fromage en toute liberté. Ainsi, il devrait figurer plus souvent au goûter des enfants. Pour un déjeuner sur le pouce, un casse-croûte au fromage est aussi nourrissant que le classique jambon-beurre. Quant au petit creux de 10 heures ou de 17 heures, je vous conseille de le satisfaire en mangeant un morceau de fromage avec du pain et une pomme ou du raisin. Simple et délicieux !

La cuisine

À mon avis, rien ne vaut le fromage nature, dégusté sans artifice ni apprêt. Mais je reconnais qu'il y a d'autres façons, et donc autant d'autres occasions, de le manger.
Ainsi, le fromage se cuisine. Simplement coupées en morceaux ou en lamelles, les pâtes dures entrent dans la composition de salades. Les pâtes persillées relèvent le goût des sauces. Et, pour les cordons-bleus, il existe de nombreuses recettes à base de fromage : soufflés, tartes, fondues et tartiflettes (voir p. 302).
Les occasions de déguster du fromage sont multiples… alors, ne boudons pas notre plaisir !

COMMENT DÉGUSTER les FROMAGES ?

La température

Préalable indispensable à toute dégustation : un bon fromage se conserve et se mange à la bonne température. Les fromages ont horreur du froid et encore plus de la chaleur. Ils doivent être conservés à 8 ou 10 °C et s'épanouissent généralement aux alentours de 15 à 18 °C.

Placez-les à température ambiante environ une heure avant de les servir, en les éloignant de toute source de chaleur – c'est-à-dire, bien souvent, de la cuisine. (Le cas échéant, laissez-les dans la boîte hermétique où vous les aviez placés pour les ranger dans le réfrigérateur.)

Les couverts

Dans la vie quotidienne, chacun fait ce qu'il veut. Mais, quand vous recevez des invités, même intimes, je vous conseille vraiment de changer les assiettes et les couverts pour déguster les fromages à la fin d'un repas. Comment, sinon, apprécier pleinement leur goût ? À ce propos, et contrairement à ce qu'affirment les manuels de savoir-vivre, notez qu'il faut deux couverts pour manger du fromage : un couteau et une fourchette.

La coupe

Il existe des règles de savoir-vivre décrivant la meilleure façon de couper le fromage. En fait, elles reposent sur un principe très simple : éviter que la dernière part ne soit constituée que de croûte.
Un croquis est beaucoup plus parlant qu'un long discours pour décrire comment entamer et couper les pâtes présentées sur un plateau ; c'est pourquoi je vous renvoie aux schémas de la page 292 détaillant les différentes façons de couper un fromage selon sa forme. Le but du jeu est que chaque convive obtienne une part similaire et que le dernier ne se retrouve pas avec seulement un morceau de croûte.
Quand vous présentez plusieurs fromages, prévoyez un couteau par type de pâte. Quoi de plus désagréable, en effet, que de couper le camembert avec une lame enduite de moisissures de roquefort, ou un reblochon avec un couteau sortant tout droit d'un chèvre frais ?

Avec ou sans beurre ?

Je l'ai déjà dit, je crois : selon moi, le fromage est fait pour être dégusté nature, avec du pain et du vin. Quand j'entends parler de moutarde pour accompagner les pâtes pressées, je suis perplexe… Il est vrai, toutefois, qu'un très vieux brebis des Pyrénées avec de la confiture de griottes constitue un mariage splendide ! Et puis tous les goûts sont dans la nature et chacun est libre des siens !
Sans arriver jusqu'au domaine des aberrations gastronomiques, il faut néanmoins évoquer l'association classique du beurre et du fromage. Doit-on être pour ou contre ? Il me semble que tout dépend des traditions régionales. Je connais beaucoup de Bretons, de Normands et de Charentais qui présentent toujours leurs fromages avec du beurre. À l'opposé, certains amateurs auraient l'impression de commettre un sacrilège s'ils opéraient ainsi. D'autres n'associent le beurre qu'aux fromages forts ou piquants.
Pour ma part, je propose du beurre, et chacun choisit de s'en servir ou pas. Il faut être très libéral dans ce domaine et s'adapter en fonction de chaque situation particulière. À tout le moins, si vous ne les posez pas d'emblée sur la table, préparez un ou deux petits beurriers dans votre cuisine, que vous présenterez

Fromages coupés en disque comme la fourme d'Ambert

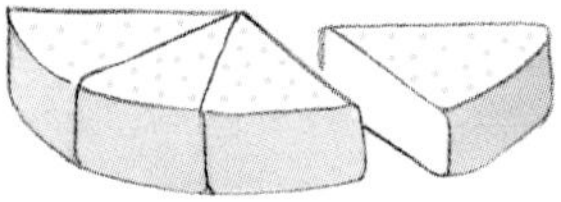

Fromages en meule comme le comté

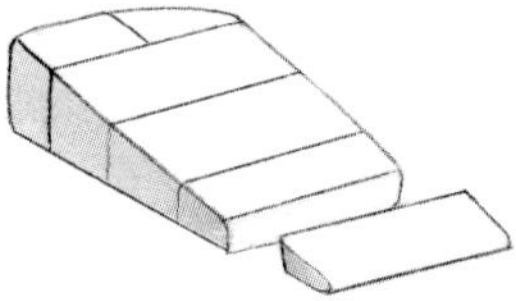

Fromages en parts comme le brie

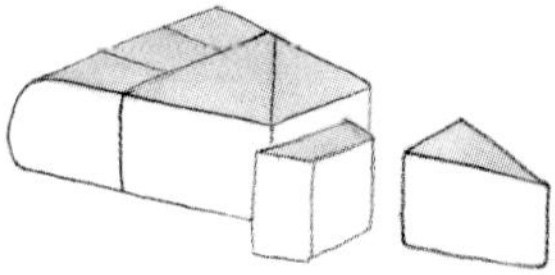

Fromages ronds comme le camembert

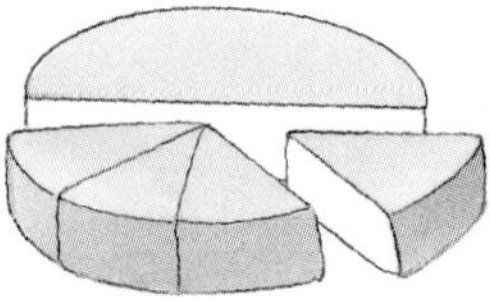

Fromages en bûchette comme le sainte-maure

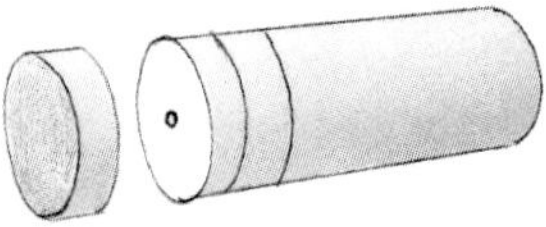

Fromages carrés comme le munster

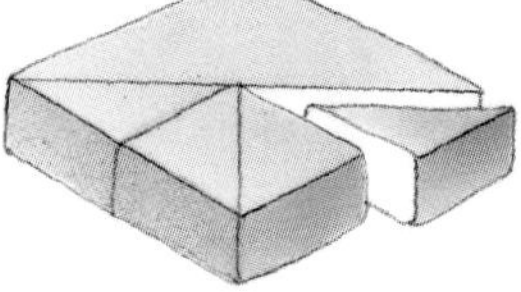

Fromages en portions comme le gouda

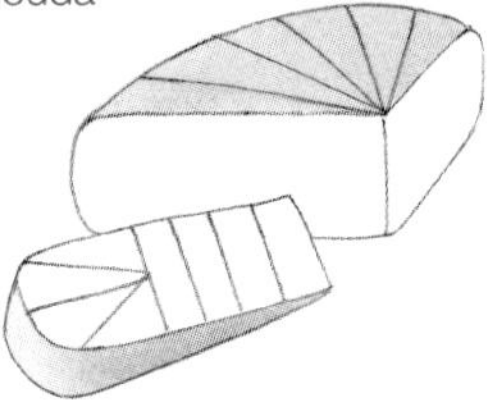

Fromages de formes particulières comme le neufchâtel

Fromages en parts comme le roquefort

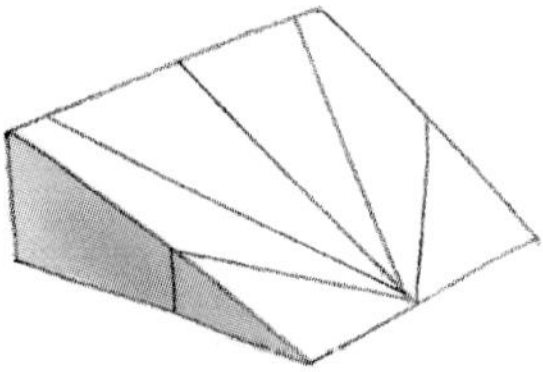

Fromages ronds comme le crottin de Chavignol

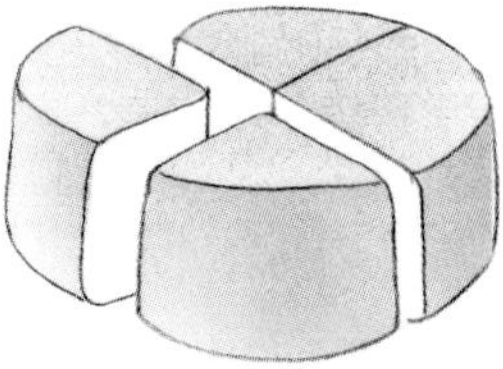

Fromages en forme de pyramide comme le valençay

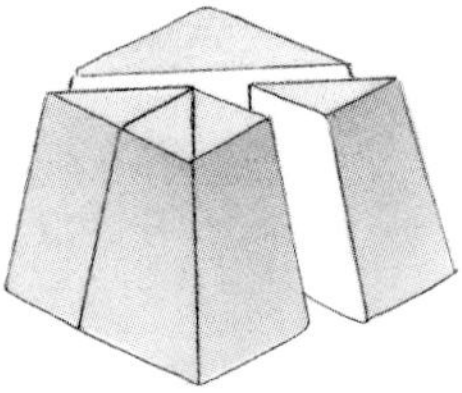

aux convives qui le souhaitent après les leur avoir proposés. Mais, au fait, vous ai-je déjà parlé de l'association d'un chèvre très sec avec une tartine légèrement grillée et beurrée pour combler un petit creux ?...

Avec ou après la salade ?

Ces dernières années, l'habitude de présenter la salade en même temps que les fromages à la fin des repas s'est largement répandue, laissant à chacun la possibilité de les déguster ensemble ou séparément. Le goût du vinaigre qui entre souvent dans la composition de l'assaisonnement s'accorde assez mal avec les pâtes molles et les pâtes persillées – et encore plus mal avec le vin. Mais la sauce de la salade n'est pas toujours une vinaigrette et les pâtes pressées s'harmonisent bien avec la salade elle-même, tout comme les fromages de chèvre s'exaltent au contact de l'huile d'olive. Alors, une fois encore, à chacun de voir...

Faut-il manger la croûte ?

Le problème de la croûte divise lui aussi les amateurs de fromage, depuis fort longtemps. Faut-il se contenter de déguster la chair et laisser la croûte sur le coin de l'assiette ? Faut-il tout manger ? La règle est la même que pour le beurre et la salade : chacun fait ce qu'il veut !

Nuançons quand même quelque peu le propos... Les fromages sont l'objet de multiples manipulations et ils portent des moisissures et des ferments. C'est pourquoi je conseille d'ôter la croûte ou, pour une pâte molle à croûte fleurie comme le camembert, de la gratter avant de la déguster. Bien évidemment, nul ne songerait à manger la croûte épaisse des fromages à pâte pressée et des pâtes molles à croûte lavée ! Et, honnêtement, on consomme les fromages pour leur chair et non pour leur croûte.

Chacun agira selon son propre goût. Personnellement, quand je déguste un brie, par exemple, je détache la croûte de la chair, puis je savoure la chair... et je finis en mangeant la croûte ! Mais mon exemple n'est probablement pas à suivre !

LES PLATEAUX de FROMAGES

Il est toujours d'usage, à la fin des repas, de servir du fromage avant le dessert. Procédons à quelques rappels sur l'art de préparer un plateau de fromages.

LA PRÉSENTATION DU PLATEAU

Si vous optez pour un assortiment de fromages, présentez-les sur un plateau suffisamment grand pour qu'ils ne se touchent pas. Généralement en verre, en faïence, en marbre, en osier ou en bois d'olivier, le plateau doit être fait d'une matière qui ne risque pas de communiquer son goût aux pâtes.
Avant de déposer les fromages sur le plateau, débarrassez-les de leurs emballages et de leurs étiquettes, en conservant seulement, le cas échéant, la feuille ou les herbes qui les recouvrent. Bien sûr, vous serez capable d'indiquer à vos convives le nom et les principales caractéristiques des différentes pâtes. Disposez les fromages en tenant compte de l'harmonie des formes et en plaçant les pâtes pressées, plus dures à couper, près du bord. Certains amateurs décorent ensuite leur pla-

teau avec des éléments naturels (feuilles mortes, feuilles de châtaignier ou de vigne, raisin, épis de blé et, pourquoi pas, fleurs ou fruits…). À réserver aux artistes !
Ne préparez pas votre plateau trop longtemps avant le repas.
Enfin, prévoyez un couteau par type de pâte, afin que les saveurs ne se mélangent pas.

L'ART DE COMPOSER UN PLATEAU DE FROMAGES

Une fois encore, il n'y a pas de règle absolue pour composer un plateau de fromages. (Vous avez sans doute remarqué qu'il règne une grande liberté dans la façon de consommer le fromage…) Un assortiment classique comporte en général cinq pâtes différentes, mais on peut aller jusqu'à huit, voire douze, notamment lorsqu'on reçoit de nombreux convives. Le choix doit être suffisamment varié pour que chacun puisse trouver son bonheur. Quand vous les connaissez, tenez compte des goûts de vos invités : n'offrez pas plusieurs fromages puissants à des amateurs de saveurs douces !

Le plateau classique
Traditionnellement, on compose un plateau de fromages en choisissant une ou plusieurs spécialités dans chacune des grandes catégories suivantes :
• pâtes molles à croûte fleurie (camembert, coulommiers, brie, saint-félicien…) ;
• pâtes molles à croûte lavée (pont-l'évêque, munster, maroilles…) ;
• pâtes pressées non cuites (salers, saint-nectaire, reblochon, tomme de Savoie…) ;
• chèvres (sainte-maure, crottin de Chavignol, chabichou…) ;
• pâtes persillées (roquefort, bleu d'Auvergne…) ;
• pâtes pressées cuites (emmental, comté, beaufort…) ;
• pâtes fraîches (petit-suisse, fromage blanc…).
Si vous habitez une région fromagère, puisez d'abord dans la production locale.

Tenez compte aussi de la saison, en choisissant les fromages qui sont au mieux de leur saveur à l'époque où vous les achetez.

Les tendances actuelles

Toutefois, la tendance actuelle n'est plus guère aux assortiments classiques. Aujourd'hui, je conseille plutôt à mes clients de composer des plateaux de fromages à thème, par région ou par pâte (vous en trouverez quelques exemples dans les pages suivantes). On peut offrir à ses convives un plateau normand, avec un camembert, un livarot et un pont-l'évêque. Le plateau auvergnat rassemblera, par exemple, du saint-nectaire, du salers et du bleu d'Auvergne. Et l'on proposera un vacherin, du comté et du bleu de Gex-Haut-Jura sur un plateau franc-comtois.

Très à la mode, les assortiments de plusieurs fromages ayant le même type de pâte permettent de comparer les saveurs et d'apprécier sans remords la totalité des produits du plateau avec un même vin. Adaptez-vous aux goûts de vos convives. D'une façon générale, les plateaux de pâtes persillées ou de chèvres rencontrent beaucoup de succès.

Par ailleurs, la solution du fromage unique a également de nombreux adeptes.

Et enfin, je vous livre quelques idées en vrac. À la veille d'un départ, offrez un superbe coulommiers pour six convives – ainsi, vous n'aurez pas de restes. Si vous avez servi une choucroute comme plat principal, présentez ensuite un munster. Quand il fait froid, au cœur de l'hiver, on a souvent envie de saveurs puissantes ou riches : pensez alors au maroilles, au munster, à l'époisses ou au triple-crème. À la fin d'un repas au champagne, un beau brillat-savarin vous entraînera en douceur vers le dessert.

EXEMPLES D'ASSORTIMENTS DE FROMAGES

Voici quelques exemples d'assortiments pour des plateaux de fromages destinés à la fin d'un déjeuner ou d'un dîner de huit convives.

Classique
1 sainte-maure
1 camembert
1 pont-l'évêque
250 g de comté
1/8 de bleu d'Auvergne

Classique
1 livarot
1 part de brie de Meaux
200 g de fourme d'Ambert
1 valençay
250 g de beaufort

Régional : Normandie
avec du cidre
1 camembert
1 livarot
1 pont-l'évêque

Régional : Jura
après un poulet au vin jaune
250 g de comté
200 g de bleu de Gex
1 vacherin

Régional : Savoie et Haute-Savoie
250 g de beaufort
1 reblochon
1/4 de tomme de Savoie
250 g de bleu de Termignon

Plateau de chèvres
avec un sancerre blanc
1 vazerac
1 charolais
1 mâconnais frais
1 pélardon
1 pouligny-saint-pierre

Plateau de pâtes persillées
avec un rivesaltes
1/8 de bleu d'Auvergne
1/8 de bleu des Causses
1/8 de roquefort
250 g de fourme d'Ambert

Plateau d'hiver *pour amateurs de sensations fortes*
1/4 de vieux-lille
1/2 maroilles
1 époisses
1/2 livarot

Plateau d'été
1/8 de roquefort
1 sainte-maure pas trop affiné
250 g de saint-nectaire
1 saint-marcellin
1/2 reblochon

Plateau de petits fromages *à déguster en petit comité*
plusieurs rocamadours
1 saint-marcellin
plusieurs bouchons lyonnais
1 morceau de baratte fraîche
plusieurs trous du cru

Plateau de fin d'année
1 vacherin
1 brillat-savarin
1/8 de roquefort

Plateau étranger
1/2 queijo de la serra
250 g de gorgonzola
250 g d'appenzell
200 g de stilton

LES SAVEURS DES FROMAGES

Un consensus s'est formé pour établir sept saveurs parmi les fromages. Ce classement commence avec les goûts les plus neutres pour arriver aux saveurs les plus marquées.

• **saveur fraîche** / elle est parfois un peu acidulée. Cette catégorie regroupe les fromages blancs et frais, tout juste démoulés.
FROMAGE BLANC, CAILLEBOTTE.

• **saveur neutre** / elle concerne surtout les pâtes pressées non cuites fabriquées avec du lait de vache pasteurisé.

• **saveur douce** / on trouve ici les doubles et triples-crèmes peu affinés, les fromages de chèvre et de brebis fermiers frais, ainsi que les pâtes pressées non cuites ou cuites encore jeunes.
SAINT-NECTAIRE, TOMME DE SAVOIE, EMMENTAL JEUNE.

• **saveur un peu prononcée** / les chèvres affinés, les pâtes pressées semi-affinées, les doubles et triples-crèmes affinés et le vacherin entrent dans cette catégorie.
VACHERIN, CANTAL ET SALERS JEUNES.

• **saveur prononcée** / on regroupe généralement dans cette catégorie les pâtes molles à croûte fleurie fabriquées avec du lait cru et les pâtes pressées non cuites vieillies.
BRIE, CAMEMBERT, COULOMMIERS.

• **saveur forte** / la plupart des pâtes molles à croûte lavée ont une saveur forte, de même que certaines pâtes pressées non cuites très vieilles et les pâtes persillées.
LIVAROT, MAROILLES, MUNSTER, ÉPOISSES, SALERS.

• **saveur très forte** / les pâtes persillées mûres, les fromages macérés et certaines pâtes molles entrent dans cette catégorie.
ROQUEFORT, BLEUS TRÈS AFFINÉS, BOULETTE D'AVESNES, GRIS DE LILLE, NIOLO.

LES REPAS de FROMAGES

Avec de vrais amateurs, vous pouvez envisager de faire tout un repas de fromages. Dans ce cas, prévenez au préalable les convives et assurez-vous que tous apprécieront le fromage…
J'aime beaucoup la formule du buffet, qui permet de réunir facilement un grand nombre de convives. Mais on peut tout aussi bien déguster un repas de fromages assis autour d'une table. En fait, c'est une façon de recevoir qui laisse beaucoup de liberté, car tout est permis, ou presque. Elle est en outre très avantageuse quand on est nombreux, car on peut offrir une grande variété de fromages sans craindre d'avoir trop de restes.

Du plus doux au plus fort

La règle de base d'un repas de fromages est simple : il faut passer progressivement des saveurs les plus douces aux goûts les plus forts et les plus puissants. Dans la pratique, cette règle théorique est rarement appliquée jusqu'au bout. Au début, on commence effectivement par le moins fort. Mais, après, tout s'embrouille et, la convivialité aidant, chacun finit par se servir en fonction de ses goûts.

Vous pouvez demander à un fromager de préparer l'assortiment pour vous. (Il ne vous restera plus qu'à faire une salade !) Mais il est tout aussi facile de le composer soi-même. Dans tous les cas, ne prévoyez pas de trop grosses quantités. Je conseille de proposer suffisamment de fromages forts et corsés et d'ajouter quelques spécialités fromagères plus particulières, comme une boulette d'Avesnes ou un gaperon à l'ail et au poivre. J'ai ainsi pu préparer le plateau suivant pour un de mes clients (du plus doux au plus fort) :

- saint-antoine (ou un autre triple-crème)
- sainte-maure
- comté
- saint-marcellin
- camembert
- pont-l'évêque
- saint-nectaire
- maroilles
- roquefort

Quand vous préparez les fromages pour un repas de ce genre, n'oubliez pas de poser sur chacun une petite étiquette rappelant son nom, sa provenance et le type de pâte.

Quel accompagnement ?

Que servir avec les fromages lorsqu'ils constituent l'essentiel du repas ? Du pain et du vin, bien sûr. Pour le reste, chacun fait ce qu'il veut. Vous pouvez proposer une ou deux salades composées avant de passer aux fromages, sans que cela ait rien d'obligatoire. Je prévois souvent une salade verte, que je sers en même temps que les fromages pour les irréductibles de l'association fromage/salade. (Mais, à mon avis, la vinaigrette vient un peu gâcher l'ensemble.) Je prépare des coupelles de raisins secs, de noix, de tranches de pomme ou de poire, que je dispose sur la table et également des préparations de fruits : gelée de pommes, cerises noires, figues, etc. Terminez par un dessert léger, comme une tarte aux pommes fine, une glace ou un sorbet.

Un repas de fromages est avant tout un repas convivial à partager avec des amis. On place tout sur la table, chacun se sert et la bonne humeur s'installe pour plusieurs heures !

CUISINER le FROMAGE

Pour 4 personnes
Préparation : 20 min
Cuisson : 30 min

1 kg de pommes de terre (bintjes)
500 g de tomme fraîche (laguiole)
25 cl de crème fraîche épaisse
50 g de beurre
2 gousses d'ail
Sel, poivre du moulin

Aligot

1. Épluchez les pommes de terre. Faites-les cuire dans de l'eau bouillante salée 20 min. Pendant ce temps, épluchez l'ail et hachez-le finement. Découpez le laguiole en fines lamelles.

2. Égouttez les pommes de terre. Pressez-les en purée. Ajoutez le beurre et mélangez.

3. À l'aide d'une spatule en bois, incorporez doucement l'ail à la purée de pommes de terre. Puis ajoutez peu à peu les lamelles de laguiole, en mélangeant bien : pour cela, faites des « 8 » avec la pâte tout en la soulevant avec la spatule afin de l'étirer. Salez et poivrez.

4. Ajoutez la crème et continuez à travailler la pâte pendant 5 à 10 min, en la replaçant de temps à autre sur feu doux pour la maintenir chaude et filante. Servez aussitôt.

Pour 4 personnes
Préparation : 10 min
Repos au frais : 4 h

250 g de fromage de chèvre frais en faisselle
50 g de crème fraîche épaisse
2 cuillerées à soupe de vin blanc (facultatif)
Ciboulette et persil
2 échalotes
1 gousse d'ail
Sel, poivre du moulin

Cervelle de canut

1. Pelez l'ail et les échalotes ; émincez-les. Lavez le persil et la ciboulette, et ciselez-les.

2. Égouttez le fromage blanc en faisselle. Versez-le dans un grand bol et lissez-le en le battant à la fourchette. Ajoutez la crème et mélangez. Ajoutez la ciboulette et le persil ciselés, l'ail et l'échalote émincés. Mélangez. Salez, poivrez. Mélangez de nouveau. Versez 2 cuillerées à soupe de vin blanc sur la préparation. (Si vous avez des enfants à table, supprimez le vin blanc.) Mélangez et réservez au frais pendant au moins 4 heures.

3. Servez la cervelle de canut très fraîche avec du pain de campagne, en entrée avec des crudités ou en plat principal avec des pommes de terre en robe des champs.

Pour 4 personnes
Préparation : 20 min
Cuisson : 15 min

750 g de gruyère suisse (ou de n'importe quelle autre pâte cuite)
1 pain un peu rassis
3 gousses d'ail
1 cuil. à café de fécule de pommes de terre
60 cl de vin blanc sec
5 cl de kirsch (facultatif)
1 pincée de noix muscade râpée
Sel, poivre du moulin

Fondue suisse

1. Découpez dans le pain entre 50 et 60 petits cubes. Râpez le fromage avec une grosse râpe, ou coupez-le en très petits morceaux.

2. Pelez les gousses d'ail. Frottez l'intérieur d'un poêlon à fondue avec l'ail. Versez le vin blanc.

3. Sur feu doux, ajoutez progressivement le fromage avec un peu de noix muscade râpée, tout en tournant sans arrêt avec une cuillère en bois.

4. Lorsque le fromage se transforme en une crème pâteuse, ajoutez le kirsch (facultatif) et la fécule de pomme de terre. Salez et poivrez.

5. Posez le poêlon sur un réchaud au centre de la table. Chacun se servira en trempant dedans un morceau de pain piqué sur une fourchette.

Pour 4 personnes
Préparation : 10 min
Cuisson : 25 min (pour les pommes de terre)

800 g de fromage à raclette
1,5 kg de pommes de terre
200 g de viande des Grisons
Cornichons
Petits oignons au vinaigre
Poivre du moulin

Raclette

1. Lavez les pommes de terre et faites-les cuire avec leur peau pendant 25 min dans de l'eau bouillante salée. Égouttez-les.

2. Si vous possédez un appareil à raclette, suivez les instructions du fabricant pour couper et préparer le fromage.

3. Si vous utilisez un four, découpez dans le fromage des tranches de 3 à 4 mm d'épaisseur. Déposez-les une par une dans des assiettes ou des ramequins allant au four. Mettez-les à four très chaud pendant quelques minutes, jusqu'à ce que le fromage soit légèrement doré. Au sortir du four, poivrez et emportez aussitôt les assiettes sur la table, avant de recommencer l'opération.

4. Le fromage à raclette fondu se mange accompagné de pommes de terre cuites, de viande des Grisons, de cornichons et de petits oignons au vinaigre.

Pour 4 personnes
Préparation : 10 min
Cuisson : 20 min

150 g de comté
4 œufs
25 cl de lait
30 g de beurre + 10 g pour le moule
30 g de farine
Sel, poivre du moulin

Soufflé au fromage

1. Râpez le comté. Préchauffez le four à 160 °C/170 °C (th. 5/6).

2. Faites fondre le beurre dans une casserole sur feu doux. Versez la farine et délayez jusqu'à ce que le mélange soit légèrement mousseux. Versez le lait froid. Salez, poivrez. Portez à ébullition sans cesser de remuer, jusqu'à obtenir une sauce épaisse. Retirez la casserole du feu et réservez.

3. Cassez les œufs et séparez les jaunes des blancs. Battez les blancs en neige très ferme. Versez les jaunes d'œufs dans la casserole, puis le fromage râpé. Mélangez. Incorporez ensuite doucement les blancs en neige.

4. Versez la préparation dans un moule à soufflé beurré. Enfournez et faites cuire pendant 20 min. Sortez du four et servez aussitôt.

Pour 4 à 6 personnes
Préparation : 10 min
Cuisson : 30 min

1 pâte à pain (pâte à pizza)
400 g de maroilles
Beurre
Poivre

Tarte au maroilles

1. Étalez la pâte à pain dans un moule à tarte beurré. Préchauffez le four à 210 °C (th. 7).

2. Ôtez la croûte du maroilles et coupez-le en petits dés ou en fines lamelles. Couvrez-en la pâte à pain. Poivrez. Faites cuire 30 min.

3. Au sortir du four, ajoutez quelques noisettes de beurre sur le dessus de la tarte. Servez chaud ou tiède, avec une salade frisée bien aillée.

Pour 4 ou 6 personnes
Préparation : 15 min
Cuisson : 40 min

1 kg de pommes de terre
1 reblochon
50 g de lardons fumés
4 tranches très fines de jambon de pays
Huile
Beurre
Sel, poivre du moulin

Tartiflette

1. Lavez les pommes de terre et faites-les cuire dans de l'eau bouillante salée 20 min. Préchauffez le four à 240 °C (th. 8).

2. Faites revenir les lardons pendant 5 min à la poêle dans un mélange de beurre et d'huile. Essuyez-les dans du papier absorbant.

3. Épluchez les pommes de terre et coupez-les en rondelles. Répartissez-les dans le fond d'un plat à gratin beurré. Versez par-dessus les lardons, puis posez les tranches de jambon de pays. Salez très légèrement et poivrez.

4. Ôtez la croûte du reblochon et coupez-le en deux à mi-hauteur. Posez les moitiés à plat par-dessus le jambon. Enfournez pour 20 min. Servez aussitôt.

Pour 4 personnes
Préparation : 15 min
Repos au frais : 20 min

4 tomates
1 fromage de chèvre très frais
Basilic frais
Huile d'olive
Poivre du moulin

Tomates au chèvre frais

1. Lavez les tomates. Coupez le dessus et évidez l'intérieur. Ciselez le basilic en gardant 4 feuilles pour le décor.

2. Malaxez le chèvre frais avec un peu d'huile d'olive, du poivre et le basilic ciselé. Remplissez les tomates avec le mélange. Décorez avec une feuille de basilic. Placez 20 min au réfrigérateur avant de servir.

Pour 4 personnes
Préparation : 30 min
Cuisson : 30 min

200 g de cantal doux
8 pommes de terre
40 g de lardons
Huile neutre
Sel, poivre du moulin

Truffade

1. Épluchez les pommes de terre, lavez-les et coupez-les en rondelles. Coupez le cantal doux en lamelles fines.

2. Faites revenir les lardons avec un peu d'huile dans une grande poêle. Dès qu'ils sont dorés, réservez-les dans une assiette.

3. Ajoutez un peu d'huile dans la poêle et versez les rondelles de pomme de terre dedans. Salez et poivrez. Laissez cuire les pommes de terre pendant une vingtaine de minutes, en les retournant régulièrement avec une spatule en bois.

4. Versez les lardons et le cantal en lamelles sur les pommes de terre et mélangez sur feu vif. Laissez dorer quelques minutes sans remuer. Posez à l'envers sur un plat de service et servez.

L'art d'utiliser les restes

Il vaut mieux acheter du fromage souvent, mais en petites quantités. Toutefois, même en appliquant ce sage principe, il vous est certainement arrivé un jour ou l'autre de vous retrouver avec des restes dont vous ne saviez pas trop quoi faire. La première solution, que j'aime beaucoup, consiste à préparer pour le dîner suivant un repas de fromages avec une salade. Simple, mais lassant si l'expérience doit être répétée plusieurs fois de suite ! Ne vous imposez pas, à vous-même et à vos proches, deux ou trois repas de fromages successifs, avec des pâtes ayant perdu leurs belles qualités d'origine.

Je vous conseille plutôt dans ce cas d'utiliser les nombreuses possibilités culinaires offertes par les fromages. Si votre reste est constitué d'une seule pâte en quantité importante, n'hésitez pas : cuisinez-le. Choisissez une recette adaptée : tarte au maroilles, aligot ou truffade (avec du laguiole, du salers ou du cantal), chèvre chaud, tartiflette (avec du reblochon)... Plusieurs restes de pâtes pressées et persillées, seules ou mélangées, vous permettront de préparer un soufflé. Malaxés, les persillés rehaussent le goût d'une vinaigrette ou d'une sauce. Râpés, tous les fromages à pâte pressée se prêtent à la réalisation de gratins de pâtes. Découpés en dés, coupés en lamelles ou émiettés, la plupart des fromages améliorent agréablement une salade, nature ou composée.

Enfin, je vous livre une de mes recettes préférées, qui permet d'utiliser n'importe quel reste : les œufs brouillés au fromage. Je mets les restes à fondre sur feu doux après en avoir ôté les croûtes ; puis je verse dessus des œufs battus en omelette, et je mélange. Quand les œufs sont pris, je sers avec une salade. Simplissime et délicieux !

INDEX des FROMAGES

Ouvrage publié sous la direction de Laure Paoli

Réalisation éditoriale : Véronique Galland
Relecture et corrections : Cécile Chavent
Conception graphique : Stefanie Buard
Mise en pages : Séverine Morizet
Illustrations : Christiane Schaeffer

Éditions Albin Michel
22, rue Huyghens, 75014 Paris
www.albin-michel.fr

ISBN : 978-2-226-24572-4
N° d'édition : 20717/04 – N° d'impression : 43066
Dépôt légal : octobre 2013
Imprimé en France par Pollina.